吉林省农业科技创新工程自由创新项目"吉林省农业适度
究"（项目编号：CXGC2018ZY011）
国家社会科学基金"小农户土地承包权退出问题研究"（
教育部人文社会科学研究青年基金项目"玉米收储政策改革：市场主体响应与政策优
化研究"（项目编号：18YJC790102）
吉林省农业科技创新工程杰出青年项目"'价补分离'政策下玉米产业链利益协调及
价值增长研究"（项目编号：CXGC2017JQ011）
吉林省社会科学基金项目"吉林省农业高质量发展评价体系与实施路径研究"（项目
编号：2020B054）

经济管理学术文库·经济类

农业适度规模判定及演变趋势研究
——基于吉林省视角

Study on Determination of Moderate Scale and
Evolution of Agriculture
—Based on the Perspective of Jilin Province

吴　迪／著

经济管理出版社
ECONOMY & MANAGEMENT PUBLISHING HOUSE

图书在版编目（CIP）数据

农业适度规模判定及演变趋势研究：基于吉林省视角/吴迪著．—北京：经济管理出版社，2020.11

ISBN 978 - 7 - 5096 - 7450 - 5

Ⅰ.①农…　Ⅱ.①吴…　Ⅲ.①农业经营—规模化经营—研究—吉林　Ⅳ.①F327.34

中国版本图书馆 CIP 数据核字（2020）第 178529 号

组稿编辑：曹　靖
责任编辑：曹　靖　郭　飞
责任印制：任爱清
责任校对：王纪慧

出版发行：经济管理出版社
　　　　　（北京市海淀区北蜂窝 8 号中雅大厦 A 座 11 层　100038）
网　　址：www. E - mp. com. cn
电　　话：（010）51915602
印　　刷：北京玺诚印务有限公司
经　　销：新华书店
开　　本：720mm × 1000mm/16
印　　张：11. 5
字　　数：161 千字
版　　次：2020 年 11 月第 1 版　　2020 年 11 月第 1 次印刷
书　　号：ISBN 978 - 7 - 5096 - 7450 - 5
定　　价：78. 00 元

前　言

　　农业的规模是一个重要的经济范畴，是农业经济各个领域和层次中的一种客观存在，也是进行各种农业经济活动所必备的条件之一。没有任何一项农业经济活动不是在一定规模下进行的。

　　种植业规模是农业规模的最重要组成部分。种植业规模是分层次的，有全国范围内的宏观规模、地区性的中观规模和生产单位的微观规模。不同层次的规模，其内涵的规定性和行为方式都有所不同。宏观种植业规模所规定的是作物全国经营面积和相应的总生产能力。制约宏观规模变化的因素主要是国民经济发展的需要、可能的耕地资源、生产效率和机会成本等。中观种植业规模主要规定了作物的地区性生产能力。制约这种生产能力变化的因素有：作物的宏观布局、本地区农业经济的实力和对作物产品的需求。微观的种植业规模是指农户、合作社、农场等生产单位的种植业规模，它的内涵和运动规律以及研究方法，都与宏观规模或中观规模有所不同。

　　农地规模化的实质，是着力解决在社会主义初级阶段和社会主义市场经济条件下农业小生产和社会化大生产的矛盾，解决农村联产承包责任制与社会主义市场经济体制相衔接的问题，解决增加农产品有效供给与农业比较利益间的矛盾，解决农户分散经营与提高规模效益的矛盾。农业发展要运用工业化的思维，要走工业化的路子，首要的问题就是要把基地建设作为整个农业产业化的"第一生产车间"来建，解决农民一家一户生产与规模化的矛盾，从根本上实现和提升农业产业化，推动农村经济全面、协调、可持续发展。

研究规模问题，离不开规模经济理论。在西方经济学中，规模经济习惯上指企业规模扩大导致单位产品成本下降的这一现象；如果企业规模扩大后反而导致单位产品成本上升，则称作规模不经济。根据这一概念，种植业农户农地的规模经济是指由于农户扩大种植业规模使单位产品成本下降所增加的经济收益。如果处于规模不经济阶段，可以通过缩小规模区降低单位产品成本，从而增加经济收益。

农民愿意扩大种植业规模，为的是获得更多纯收益，而不是为了降低单位产品成本，降低单位产品成本只是增加收入的一种手段。从农民角度来看，把规模扩大到超过单位产品成本最低时的最佳规模以后，虽然提高了单位产品成本，但只要边际规模的纯收益大于零，那仍是划算的。为此，我们引入"规模效益"的概念，用来反映规模与经济效益的关系。规模效益包括了规模经济，但比规模经济的内容广泛得多，它泛指因规模变动引起的经济效益的增加。

研究我国农户种植业规模的目的，旨在激发农民种田的积极性，稳定和发展种植业生产，因此，衡量农户种植业规模是否适度，应以看：一是农民足否有务农积极性，是否有高的土地生产率；二是农户的经济收入是否主要来源于种植业；三是种植业农户收入水平是否不低于当地非农产业中同等劳动力的收入水平。因此，在研究我国农户种植业规模时，要协调好社会对增加农产品的要求和农民对经济数益的追求这两者之间的关系，既要提高土地生产率，又要提高劳动生产率，以增加农民的种植业收入。为了做到这一点，在实际研究中应以土地生产率的稳定和提高作为首要前提，在不降低土地生产率的约束条件下，去追求最大的规模效益。

目　录

第1章 导 论

1.1 研究背景与研究意义

1.1.1 研究背景

我国的粮食安全不仅是事关国计民生和社会政治稳定的根本问题，而且是事关国家经济发展战略、国家安全战略和国际粮食产业竞争战略的首要问题。自党的十八大以来，我国明确提出了农业农村优先发展的要求，并逐渐从顶层设计层面搭建起了新时代中国特色社会主义农业现代化发展的四梁八柱，全面实施乡村振兴战略等一系列战略举措，为实现农业农村高质量发展奠定了坚实的物质基础和制度保障。尽管全国粮食供求总体实现紧平衡，然而随着改革的深化和国内外经济形势发生较大变化、国内耕地资源日渐短缺，粮食供需领域的深层次矛盾凸显，我国未来粮食安全领域仍然存在着不可忽视的隐患。在我国经济全面进入新常态的新阶段，完善国家粮食安全保障体系、构建国家粮食安全新观念和新发展思路将有利于国家粮食安全水平的提升。

土地规模经营是农业发展的必然趋势，也是政府部门关注的热点问题。从世界主要发达国家农业发展历程来看，大多都将推进土地规模经营作为农业现代化的重要实现途径,无论是土地资源丰富的美国、加拿大,还是人多地少的日本、韩国,或介于两者之间的法国、德国等农业发达国家,都通过不断出台和完善农业政策法规推进土地的规模经营。我国在 20 世纪 80 年代就开始了对土地规模经营的探索,并将发展适度规模经营作为土地制度改革的重要内容。1978 年开始的农村土地制度改革,奠定了家庭经营的基本格局,在家庭联产承包责任制的背景下,按人平均分配的土地制度导致了土地的细碎化、分散化,随着我国工业化、城镇化水平的不断提高,传统家庭经营规模小、经营分散的弊端逐渐显现,成为了阻碍农业现代化的重要障碍。为此,开展土地规模经营已成为我国农业发展的必然趋势,1984 年中央一号文件和 1988 年的宪法修正案为土地规模经营提供了制度支持和法律保障,以适度规模经营为土地制度改革的重要内容,开始了我国长达 30 多年的实践与探索。

吉林省农业规模问题,主要是农户种植业规模的调整和优化问题。农户种植业规模也可分层次进行研究。最高层次是经营规模,通常可用农产品出售额表示其规模大小。在我国现阶段条件下,研究这一层次的必要性还很不突出。农户种植业规模的下一层次有生产规模、销售规模、储运规模等各种经营环节的规模。其中的生产规模是反映农户经营规模最重要的指标。

1.1.2 研究意义

小农经济是指以农户为基本单位的农村土地经营制度。20 世纪 80 年代初,以家庭联产承包责任制为基础、统分结合的经营体制,极大地释放了农民的生产力。多年之后这种当时看似先进的组织方式如今被称为小农经济,到了非改不可的地步。随着城镇化的推进,大量的农村青年劳动力进城务工,伴随着"农一代"的逐渐老去以及农业技术的发展,以农户为单元的土地分配和经营制度遭遇到了极大的挑战。宏观上要求粮食生产保持稳定,但一家一户的分散经营制约了现代化的农业机械设备的应用,老一代农民老去之后土地抛荒严重，种粮收益下降农民积极性受挫，于是谁来种粮，如何种粮，就成为一个迫切需要解决的问题，而农地规模化的经营就是解决这一问题的关键之一。

农村土地对农民而言，还承担了生存之外的保障和抗风险功能。虽然对农民而言，农业本身的收入占比在逐年下降。但农民的非农收入受多方面影响还不稳定。因此，进城农民还需要土地作为退路。而对于依然主要以农业作为收入来源的农民而言，大规模的土地流转之后，目前他们的生活问题、工作问题似乎并没有找到好的安置和出路。因此，小农经济短期内还是经济社会发展稳定的基石，政府特别强调农村土地要适度规模经营，一家一户几亩地肯定不行。但一家经营几千几万亩地，也不是政府目前愿意看到的。

农地适度规模经营有利于改变吉林省现有的传统小农生产模式，有利于提高农业各生产要素的配置效率，提高农业生产率和农业效益，提高农民收入，促进农村经济的全面发展，实现农业现代发展及乡村振兴。

本书对吉林省玉米种植户农地适度规模化经营的自然优势、社会经济优势进行分析，并对农地适度规模化经营的现状、存在问题以及制约因素进行了系统考察，有助于加深对吉林省玉米种植户适度规模经营的思考。

关于吉林省玉米种植户农地适度规模经营的研究，本书以吉林省单一玉米种植户为研究对象，通过对农地适度规模经营进行理论和实证研究，测算出当地农地适度经营规模，提出适合吉林省玉米种植户的农地适度规模经营的对策及建议，为以后推进和发展农地适度规模经营提供理论借鉴意义。

综上所述，对吉林省玉米种植户农地适度规模经营进行系统的研究，有利于整合东北地区现有农地，提高利用效率，促进吉林省的乡村振兴发展，降低农产品成本，增强农产品的市场竞争力。

1.2 概念界定及理论基础

1.2.1 概念界定

1.2.1.1 规模经济

规模经济是指随着生产规模的不断扩大，生产组织通过优化资源配置形成的一种规模效益，依赖于生产组织对资源的充分有效利用、配置和经营效率的提高而形成的"内部规模经济"和依赖于多个组织之间因合理的分工与联合、合理的地区布局等所形成的"外部规模经济"。目前农业生产中的规模经济主要是内部规模经济，是指在土地、劳动力、资本等生产要素投入的数量和组合合理配置的情况下，所带来的内部规模效益。我国还应进一步挖掘如灌溉水井等公共设施、市场集聚、产业关联等在生产过程之外的由于投入的不可分性而随规模变动所带来效益流入的外部规模经济。

1.2.1.2 农地适度规模经营

对于农地规模经营的概念界定，学术界并没有给出统一的答案，通过查看众多的文献，大体上从狭义和广义的角度进行了区分，从狭义上讲，农地适度规模经营主要是指农地种植面积的增加和地理位置的相对集中，通过将农地集中连片并不断扩大农地生产经营的规模来进行农业生产，通过统一管理的方式，进行机械化作业，提高农地利用率并节约农业生产要素成本，进而实现规模效益。从广义上讲，农地适度规模经营不仅指农地要素的增加，更强调在一定的社会生产力发展水平下，通过对劳动力、农地和资本等生产要素进行最优的配置和组合，达到劳动生产率、农地产出率、资本产出率的最大化，最终实现经济效益的最大化。目前，大多数的学者从广义的角度对农地适度规模经营进行界定和研究。农业生产经营者在进行农业生产经营时并不是一味地求大，而是要根据当地的实际情况，随着时间、地点、所种植的农作物、采用的农业生产方式等条件的不同而做出相应的调整。

本书的适度规模经营主要是指通过适度扩大土地规模实现生产要素的最优配置，核心在于实现投入产出生产效率的最大化。本书研究的吉林省农地适度规模经营，仅研究吉林省单纯玉米种植户的农地适度规模。

1.2.2 理论基础

1.2.2.1 规模经营、规模经济与规模报酬

规模经营（Scale Management）主要分析的是经济活动中生产单位的各种投入要素组合在不同数量和不同组合方式下产出及效益的变化情况。农业规模经营是相对于传统小农户分散生产模式的一种新型现代化经营方式。目前关于农业规模经营的衡量主要有收入标准、产量标准以及生产效率标准，一般是通过对一定经营耕地面积上的劳动力、资本等生产要素的调整及优化配置使各生产要素充分发挥作用，从而实现农业规模经营目标。农户进行规模经营的目的是获取规模经济，主要通过耕地面积的扩大、劳动生产率的提高、先进生产技术的应用实现规模经济，获得更高的收益。

规模经济（Economics of Scale）指通过扩大生产规模而引起的经济效益增加的现象，也可表示为在既定的生产技术条件下，生产一单位产品的平均成本在某一区间内递减。在价格既定的条件下，社会分工所带动的生产专业化水平的提高、交易成本的降低、劳动者工作熟练程度的增加等都是规模经济产生的主要原因。根据报酬递减的规律，规模经济并不一直存在，是在某一区域里才能满足此特性。因此，从长期平均成本曲线来看，规模经济是在生产要素不可分性的特点上通过生产规模的扩大，实现提高生产单位的总体效率、降低单位成本。规模经济最优点在长期平均成本曲线上表示为该曲线上的最低点，如图

1-1所示。

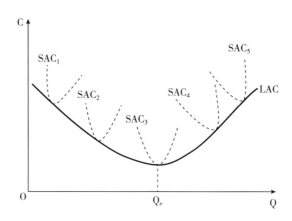

图1-1 长期平均成本曲线下最优生产规模选择

规模报酬（Returns to Scale）表现为在既定生产技术水平下，投入要素同比例增加或减少时产量的变化情况。在长期生产中，由于生产规模的扩大而使生产效益得到提高，为规模报酬递增，一般发生在生产初始阶段；当生产规模扩大到一定程度后，再继续扩大规模，就会导致生产效益的下降，这叫作规模报酬递减。

当产出增加的比例大于各投入要素增加的比例时，$f(\lambda K, \lambda L) > \lambda f(K, L)$为规模报酬递增。

当产出增加的比例等于各投入要素增加的比例时，$f(\lambda K, \lambda L) = \lambda f(K, L)$，为规模报酬不变。

当产出增加的比例小于各投入要素增加的比例时，$f(\lambda K, \lambda L) < \lambda f(K, L)$，为规模报酬递减。

规模经营、规模经济和规模报酬三者之间既相互联系又有所区别。规模经营的目的是获取规模经济。研究农地适度规模经营也是为了获取农业生产领域的规模经济，通过生产规模的扩大使农业生产保持在各投入要素配置最优的合理规模水平内，让农户达到经济效益最大化或粮食产出水平最高，从而形成规模效益。规模经济表现为因经营规模的扩大而使单位生产成本下降，规模报酬是所有投入要素同比例增加所引起的产出水平的变化。规模经济包括规模报酬，但内容比规模报酬丰富。

总之，三者是相互联系、相互作用，规模经营主要研究规模报酬、规模经济与生产规模之间的关系。农业经营者进行规模经营的主要目的就是通过扩大农业生产规模使农业在经历报酬递增的阶段后达到生产经济效益最大化，实现规模经济。

规模经济反映的是生产要素的集中程度同经济效益之间的关系。规模经济的优越性在于：随着产量的增加，长期平均总成本下降的特性。但这并不意味着生产规模越大越好，因为规模经济追求的是能获取最佳经济效益的生产规模。一旦企业生产规模扩大到超过一定的规模，边际效益就会逐渐下降，甚至跌破零，乃至变成负值，引发规模不经济现象。

如图 1 - 2 所示，LAC 是一条随着农地规模的变化而呈 "U" 形变化的长期平均生产成本曲线。当农地规模到达点 Q 之前，长期平均生产成本会随着农地规模的增加而下降，农业生产呈现出规模经济的状态；而当农地规模到达点 Q 点以后，长期平均生产成本会随着农地规模的增加而增加，农业生产开始呈现规模不经济的状态。显然当农地规模过小时，通过扩大农地经营的规模能有效实现平均生产成本的降低。

农业生产经营者在进行农业生产经营时，需要投入各种成本进而获取收益，因此，在规模经济理论的基础上，结合成本效益原则，寻求东北地区农村居民获取最大化收益的最佳经营规模点 Q 及获取正的收益的农地适度规模经营区间 [Q1，Q2]。如图 1 - 3 所示。

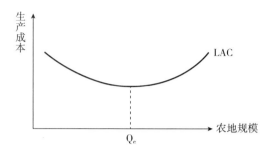

图 1 - 2   规模经济

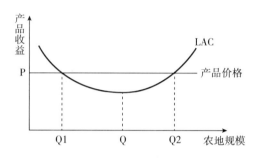

图 1 - 3   农地规模与收益

在图 1 - 3 中，长期平均成本曲线 LAC 表示农业生产经营者在长期内在每一产量水平上，通过选择最优农地规模所实现的最小的平均成本，P 代表的是农产品市场价格，从图中可以看出，当农地规模达到 Q 点时，农业生产经营者可以实现最大化的经济效益，即达到 Q 点时的价格减去农业生产经营者在 Q 点进行生产时的长期平均成本之间的差额。同时，从图 1 - 3 中也可以看出，只要农地的经营规模在区间［Q1，Q2］，农业生产经营者就可以得到高于平均成本的收益，就可以选择继续进行农业生产经营。

1.2.2.2   边际报酬递减规律

边际报酬递减规律是指在生产技术水平一定的条件下，在其他一种或几种生产要素数量保持不变的情况下，连续等量地投入某一种可变生产要素的过程中，当这种可变生产要素的投入量小于某一特定值时，增加该要素投入所带来的边际产量是递增的，也会带来总产量的增加；当这种可变生产要素的投入量连续增加并超过这一特定值时，增加该要素投入所带来的边际产量是递减的，此时可分为两种情况，当边际产量递减，在没有变为负值的时候，增加该要素的投入，仍然可以带来总产量的增加，但增长速度有所减缓；当边际产量递减变为负值以后，继续增加该要素的投入，就会导致总产量的减少，农业生产经营者出于效益的考虑应该停止对该要素的投入。

要素边际报酬递减规律是一个普遍的规律，但该规律是有其实现条件的，即在技术状况不变的情况下，其他要素（资本、劳动）投入量保持不变时，农地规模要大到一定程度以后才会出现边际报酬和总产出的下降，在初始阶段农地规模较小，随着农地要素的投入，边际报酬和总产出反而是递增的，至于究竟农地规模达到什么数值时会出现报酬递减，这取决于不同生产经营者资本和劳动投入量，取决于技术条件的状况，甚至还取决于不同的气候环境、农作物自身等。

在研究东北地区农地规模变动对当地农业生产带来的影响时，假如农业生产经营者只投入两种生产要素：农地（K）和劳动（L），生产函数则可以表示为：

$$Q = F(K，L) \qquad\qquad (1-1)$$

在不考虑技术进步的前提下，如果劳动力要素的投入是固定的，增加一单位农地带来的产量的增加就是农地的边际产出量（MP_k），在农地投入量比较少时，农地投入的增加可以舒缓原本密集的劳动力，提高劳动者的效率，使得产出有较大的增加；但当农地投入较多时，再增加农地的投入量就会使得农地无法得到充分的利用，农地的边际产出量也就会随着农地投入规模的增加而下降。MP_k 农地的边际产量 MP_k = 产出变化量/农地投入变化量 = $\Delta Q / \Delta K$，在连续变化函数中，可以表述为：

$$MP_k = \frac{\partial Q}{\partial K} \qquad\qquad (1-2)$$

要素的报酬递减就是指在农地投入量达到一个数值以后，会出现：

$$\frac{\partial MP_k}{\partial K} < 0 \qquad\qquad (1-3)$$

同样，如果不考虑技术状况的变化，在农地投入相对固定而不断增加劳动力的投入量时，劳动力的边际报酬在到达一个点后，也会出现下降。因此，东北地区在某一生产阶段进行农业生产时，不能单纯地依靠生产要素使用量的增加来促进农业总产出的增加，因为在投入要素超过一定限额后，其投入量增加带来更多的是产出不变或者产出减少。

1.2.2.3　理性小农理论

（1）理性小农理论的内涵。

1964 年美国经济学家舒尔茨在《改造传统农业》一书中将"理性人"假设引入到农户行为分析中，认为小农和资本主义企业家一样都是理性的，以追求利润最大化为目标，农户能够对生产要素进行合理配置。同时，舒尔茨也指出小农经济是"贫穷而有效率"的，贫穷的主要原因在于传统农业缺乏现代要素和技术投入，是一种低水平的均衡，因此，舒尔茨提出对农民进行人力资本投资以达到改造传统农业的目的。1979 年波普金在《理性的小农》一书中，从经济理性和投资风险两个角度对农户行为理性进行了扩展，认为农户是理性的个人或家庭福利的最大化者，而这种理性是在权衡了长期利益、短期利益以及风险因素后作出的最优选择。

（2）小农理性与农民分化。

"理性小农理论"是基于对传统农业中的小农户研究得出的，对当前我国大量存在的小农经营仍有一定借鉴意义。小农经济在我国具有深刻的历史背景并且普遍存在，小农经济最大的特点是自给自足，农业生产方式较为传统，农民被束缚在土地上缺乏流动性，在没有外部冲击的情况下，小农经济会自动趋于稳定。然而，自改革开放以来，农村土地制度改革、户籍制度改革、市场化改革等制度变迁使传统小农的理性行为发生了变化，农户理性行为的变化体现为生存理性向经济理性的非均衡转变。从地区的非均衡来看，经济发达地区农户更多表现为经济理性，而欠发达地区更多表现为生计理性；从收入的非均衡来看，家庭收入水平较高的农户经济理性更为明显，而家庭收入水平较低的农户生计理性更为明显，从低收入到高收入的演变还存在着一种循环递进的资本形成机制，促使农户从生计理性向经济理性转化。

生存理性向经济理性的转变促进了农民阶层的分化，使农民阶层之间出现了纯农户、兼业农户和非农户的区别，农民阶层内部出现了传统生计型小农、家庭农场和专业大户的区别。土地不再是农户赖以生存的唯一途径，在小规模、分散化经营难以实现规模效益的情况下，一部分农户出于家庭效用最大化考虑，会选择非农就业，减少对农业生产的投资，出现兼业化或弃农离农现象；另一部分农户则会选择流转更多土地，扩大经营规模，同时充分利用外部生产要素供给，如农机服务、农业贷款等，提高农业生产效益；此外，还有部分农户受资源禀赋约束较大，没有非农就业或农业生产性投资行为，仍保持小农生产的状态。

农户的经济理性促进了农民阶层的分化，在农户理性假设下考察农户土地规模经营行为，有必要重点考虑农户群体的异质性，对不同性质的农户而言，土地规模经营决策和农业生产性投资决策行为也不尽相同。此外，在农户经济理性假设下，农户在决定是否要扩大土地经营规模时，除土地的供给状况外，还会充分考虑到外部生产要素（如生产性服务）供给状况以及技术的可得性等。

1.2.2.4 最优化农户理论

最优化农户理论从不同侧面解释了农户的经济行为，为分析农户土地规模经营行为提供了借鉴。追求利润最大化目标的农户更倾向于扩大土地经营规模，改善生产管理，提高农业生产效率，这一目标与农业政策要实现的效率目标和产量目标相符；对于风险规避型农户其首要考虑的是风险的最小化，由于土地规模的扩大会改变风险性质，小规模分散化经营面对的风险损失相对较小，包括来自市场价格变化、自然灾害和政策变动等因素导致的风险，而且小规模经营在风险应对上更为灵活，因而，风险规避型农户土地规模经营意愿相对较低；劳苦规避型农户首要考虑的是时间在农业劳动和闲暇之间的分配，农户土地经营规模取决于家庭规模，而在土地稀缺的情况下，土地规模又会限制家庭规模；部分参与市场的农户规模经营决策行为取决于土地市场和劳动力市场的完善程度，以扩大规模带来的收入增长对家庭总效用的影响程度；分成制下佃农土地规模经营决策更多取决于土地租金和契约关系。

可见，在最优化决策分析框架下，农户土地规模经营行为决策并不是单一因素作用的结果，其规模经营行为受到诸如家庭禀赋、市场完善程度、政策环境、生产关系和外部风险等因素的综合影响。同时，尽管农户都以家庭效用最大化为目标，但家庭效用函数的结构却存在较大差异，对商品生产农户而言，利润是效用函数的主要构成；而对兼业化农户而言，收入才是效用函数的主要构成；对传统小农而言，粮食产量、家庭收入和闲暇是效用函数的主要构成。因而，在分析农户土地规模经营决策时，有必要考察不同农户决策目标的差异，以及微观层面的农户决策目标差异对宏观层面的产业政策目标实现的影响。

1.2.2.5　土地产权理论

产权是指财产权利的主张，主要表现为主体对客体的某种支配权利。产权主要由三个要素组成：一是主体，即权利的拥有者；二是客体，指权利所指向的标的，可以是土地、厂房等有形的财产，也可以是技能、专利等无形的财产；三是权利内容，指主体对客体所拥有的权利和承担的义务。产权还具有以下基本功能：激励功能、约束功能和资源配置功能。在市场经济正的交易费用中，产权明晰有利于节约双方交易费用，保障交易方的收益预期，提高资源配置效率。

土地产权就是关于土地财产的一切权利（所有权、使用权、收益权、处分权等）的总和。土地产权的功能同样包括激励、约束和分配功能。在土地制度完善的前提下，土地产权的实现能够保证土地的集约利用和合理利用。土地产权的明晰、稳定性、结构合理性以及保障性对土地合理利用产生重大的影响。

产权的稳定性影响土地利用。如上述所言，合理稳定的产权实现能够帮助他人在交易时形成双方的合理预期。若产权制度不稳定，人们就无法形成对自己所拥有的产权的准确预期，不利于产权的效率实现。土地产权越稳定，土地收益率波动性越小。人们就越愿意在土地上进行投资，土地集约利用率就越高。土地产权不稳定，将导致土地集约利用度的不稳定，影响到土地合理利用。土地产权结构的合理性会影响到土地的利用。在一定的土地承包制度下，若是土地的产权结构不明晰，容易导致土地承包者和土地使用者对土地收益分配的不合理，直接影响到土地的使用。例如，对分成地租的研究就是设定多大比例的地租分成能够确保地主和租客双方的利益，同时保证土地的合理利用。

对土地使用权的保障也会影响土地利用。土地使用权来自土地所有权中的部分权利转让，如果没有对土地使用权进行保护，土地使用权人的利益就会受到土地所有权人的侵害。实际发生的租客抗租、抗捐暴动和游行就是明证。为此，各国一般都制定相关土地法律，从而保障土地使用权人的合理利益。

1.2.2.6 交易费用理论

交易成本理论由英国经济学家罗纳德·哈里·科斯（R. H. Coase）在1937年提出，指的是交易双方为准确获取市场信息以及谈判和经常性契约所支付的费用。交易成本一般包括搜集信息成本、谈判成本、缔约成本、监督成本以及违约成本。科斯认为企业的存在减少了这种反复发生的交易成本。交易成本产生的主要原因是市场失灵，市场失灵受人为因素和交易环境因素的影响。交易商品或资产的特殊性（Asset Specificity）是交易的第一个主要特征，交易一旦终止，所投资的资产成本便难以收回或转化用途。交易的不确定性（Uncertainty）是交易的第二个主要特征，是由于交易过程中各种风险的发生概率、交易双方的信息不对称以及人类有限理性的限制而产生。因此，交易双方通常以缔结契约的方式来防范风险、保障自身利益。交易不确定性越大，交易方的监督成本和议价成本就越高，交易成本就越高。交易的频率（Frequency of Transaction）是交易的第三个主要特征，交易的频率越高，相对的管理成本与议价成本也越高。企业往往会将交易频率较高的经济活动内部化，以节省企业的交易成本。

在市场经济条件下，农产品总成本也由农产品的生产成本和交易成本两部分构成。农产品的生产成本和交易成本的大小与农业经营规模非常相关。从目前我国农业发展情况看，在机械化耕作的条件下，小规模经营的土地格局，让农户在信息成本、谈判成本、契约成本等方面面临较高的交易费用，不利于农产品竞争力的提高。相比之下，大农场的交易费用要小一些。因此，只有适度扩大农业生产规模或通过小规模经营农户的联合实现外部规模效益，才能降低交易成本，提高农产品的市场竞争力。

1.3　国内外文献综述

1.3.1　土地规模经营问题的提出

1770 年，英国农业经济学家阿瑟·杨格在《农业经济论》一书中最早对土地规模经营问题进行了探讨，提出了农地适度规模经营理论，按照该理论，农地适度规模经营是在一定的技术和社会经济条件下，土地和其他生产要素实现合理配比以达到最优经营效益的活动；《农民经济理论》指出，土地、劳动和资本是农业生产的基本要素，在一定技术条件下农场对这些要素进行组合形成适度规模，而这个规模是以最低生产费用实现农业最大产出的要素组合；适度规模经营应该采取与生产力水平相适应的经营方式，为获得最优产出而投入适量生产要素，并使生产要素合理组合充分利用，以获得最佳经济效益。农地适度规模经营的核心在于生产要素的合理组合与效益的最大化，土地作为农业生产最为基本的投入要素，具有不可再生性，要素的供给缺乏弹性，相对而言，资本和劳动富有弹性，因而农地适度规模经营在很大程度上是指土地的适度规模经营，土地规模经营也是农地适度规模经营问题研究的重点内容，扩大土地规模是实现农业规模经营的重要途径。

1.3.2 土地规模经营必要性

关于土地规模经营必要性，学术界主要存在着两种观点。一种观点从生产力发展水平、社会就业和稳定的实际出发，肯定小农的合理性；另一种观点从要素组合理论、资产专用性和交易费用理论出发，认为农业应走规模化经营道路。从肯定小农合理性的观点来看，小农生产方式（家庭经营）对不同的生产力水平具有包容性，建立在农村家庭经营基础上的适度规模经营更适合我国国情，小农生产方式虽然给人一种原始、落后、碎片化、低效率的感觉，但实际上有效地解决了巨大的就业压力，支持了我国工业化、城市化建设，保障了全国人口的农产品供给，维护了国家的安全与社会的稳定。然而，也有学者提出相反的观点，认为即便是人地矛盾突出的国家，也应把土地经营规模扩大到能够有效吸纳现代生产要素的"最低临界规模"以上和能够实现与非农产业劳动所得相均衡的"最小必要规模"以上，而且随着经济发展水平的提高和工业化、城镇化进程的加快，以及小型农机设备、现代生物化学技术的应用，农户最优经营规模还应不断扩大。此外，也有学者通过对比研究认为，自 20 世纪以来，发达国家对农业政策的不断调整，促进了土地经营规模的不断扩大。可见，实现土地规模经营需要以完善家庭承包经营制为基础，采取积极的措施促进土地规模经营的发展。

1.3.3 土地规模经营的实现途径

当前，实现农业规模经营的途径主要有两种：一种是通过农地流转实现土地的规模经营；另一种是通过农业社会化服务实现服务的规模经营。

就土地的规模经营而言，农地流转是实现土地规模经营、提升规模效益的必经之路。按照流转方式的不同，土地规模经营可以有四种不同形式，即土地互换、土地流转、土地入股和土地租赁。土地互换是在农户自愿前提下，通过互换解决土地细碎化问题，实现承包地的集中；土地流转是承包地在农户间的流转，通过发展专业大户、家庭农场，实现经营规模的扩大；土地入股是通过农户土地承包经营权入股，组建土地股份合作组织，开展农业合作生产；土地租赁则是工商企业通过租赁农户承包地从而实现规模经营。从我国开展适度规模经营的实践来看，当前我国农地流转制约因素较多而且土地流转效率不高，通过大规模的土地流转来实现土地规模经营仍不现实。加之土地流转过程中经营主体之间利益联结方式的不同，农业企业、合作社、专业大户和家庭农场对土地规模的需求也不尽相同，土地规模经营仍是一个长期的过程。因而，现阶段有必要加强土地流转管理和服务，在农户家庭承包经营的基础上，开展多种形式的联合与合作，形成农户的专业化生产与各类社会化服务的有机结合，发展多种形式的适度规模经营。

相比土地的规模经营，以农业社会化服务实现服务的规模经营为我国开展多种形式的适度规模经营提供了理论支撑和现实依据。服务的规模经营不需要实现土地的集中，而是通过农业社会化服务组织实现规模化经营，包括生产资料的规模供给、农业生产技术的统一服务和农产品的统一销售等多种形式。通过生产性服务的纵向分工与服务外包，农业社会化服务组织可以有效实现资源要素的集聚，带动农业产业化和专业化分工，从而获得比直接生产更大的规模效益。一方面，从服务的供给来看，以代耕、代种、代收为主的农机跨区作业社会化服务，使传统的小规模农业实现了现代化的大规模生产，而且规模越大对社会化服务的需求也越大，例如经营规模 30 亩以上的农户，对农业机械、新品种、新技术的使用率要明显高于 10 亩以下的农户；另一方面，从服务的需求来看，有学者提出，从劳动力密集型生产环节外包到技术密集型生产环节外包，再到全生产环节外包，是推进我国农业规模经营的路径之一。

1.3.4 土地规模经营的评价标准

学者对土地适度规模经营的评价标准进行了大量的理论探讨与实证研究。关于如何确定适度规模评价标准的观点归纳起来主要有五类：收入决定观点、生产力水平决定观点、效益最大化观点、资源禀赋观点和劳动力转移观点。依照不同评价标准，学者对土地适度规模经营的"度"进行了测算。从收入决定角度对土地规模进行了测算，结果表明，在土地资源禀赋约束下，土地规模经营的最低临界点为 10 亩；基于同样的视角，我国水稻种植农户的研究表明，适宜规模为 80 亩。通过构建土地经营规模决策的数学规模模型分析认为，我国粮食主产区农户最优耕地经营规模为 71 亩，且最优规模在不同省份差异较大，吉林省最高为 124 亩，河北省最低为 41 亩。通过构建生产函数模型，从劳动力转移角度定量分析了信阳市种植业的适度经营规模，结果表明，土地经营存在规模经济，户均最适规模为 20 亩。采用农户利润最大化模型研究认为，湖北省农户适度规模经营面积为 36 亩；采用同样研究方法认为，在当前技术条件下，我国小麦主产区最优经营规模为 125 亩；从成本效益出发分析认为，山西省农户耕地最优经营规模为 20 亩。

从上述研究可以看出，土地适度规模经营存在着明显的地域差别与种植结构差别，采用不同的评价标准，研究得到的适度经营规模也不尽相同。然而，尽管有学者对我国土地适度规模经营的研究结果存在差异，但有一点结论可达成共识，即无论从国家层面还是地区层面，当前农户经营规模还远没达到最适经营规模，通过多种途径扩大经营规模仍然有其必要性。目前，我国农户的平均经营规模仅为 8 亩，小于学者测度的最适规模，而且与农业现代化水平较高的日韩、北美和西欧相比，经营规模明显偏小。据统计，小规模的日本和韩国，农户（农场）平均经营规模分别为 21 亩和 18 亩，中等规模的德国和法国分别为 225 亩和 525 亩，而大规模的美国和加拿大分别为 2928 亩和 4500 亩。

1.3.5 农户土地规模经营决策行为

学者从土地流转意愿和种植决策层面对农户土地规模经营行为进行了研究，并探讨了土地流转、劳动力转移和土地规模的关系。农业剩余劳动力向非农产业的有效转移是推进土地规模经营的前提条件，而土地流转和集中是实现规模经营的关键。农民就业和收入来源的多元化，既为一部分农民放弃农地经营权为实现土地适度集中提供了可能性，同时也造成农户经营积极性下降，规模经营意识不强。主要原因在于农业比较收益低下，规模经济或规模报酬并没有得到体现。土地经营规模对农户双季稻决策有显著影响，土地规模限制是制约农户双季稻种植的主要原因。

也有学者从农民分化角度研究了农户土地流转行为和土地利用效率的关系。研究认为农民分化促进了土地流转，加快了土地要素市场化，提升了土地利用效率。从农民与土地的关系出发，将农民划分为五大阶层，认为不同阶层农民对待土地流转的态度也不尽相同；在对我国 4 省份样本农户农地流转行为的分析表明，农民分化将促进农地流转，加快土地生产要素的市场化进程。研究进一步指出，农民水平分化和垂直分化程度对农地转出行为都有显著正影响，而对转出规模的影响则表现出差异性。此外，从职业分化、离农率和恩格尔系数三个层面测度了农民分化和农民分化程度，并定量分析了农民分化和分化程度对耕地利用效率的影响。研究指出，农民职业分化提升了农业生产的专业化水平，提高了耕地利用效率，离农率和恩格尔系数均对耕地利用效率有正向影响。

此外，基于不同的农户理论，农户土地规模经营决策目标也不尽相同。这些理论主要包括追求利润型农民、风险规避型农民、劳苦规避型农民、部分参与市场的农民和分成制农民，每个理论都假设农户追求一个或多个目标的最大化。显然，目标的不一致会导致经营规模的差异，而这种目标的差异又来自农户的异质性。多目标决策分析表明，以农业为主的农户更偏重利润和风险目标，而以非农为主的农户更加重视劳动规避目标。土地经营规模与一定的自然、经济、社会和技术条件相适应，经济发展水平、农业社会化服务体系完善程度、风险和不确定性因素、政策性配套措施、生产力水平等多种外部因素都会通过影响农户土地规模经营决策从而对土地经营规模产生影响，在农户土地经营行为分析中应充分考虑外部因素对农户经营决策行为的影响。

1.4　研究主要内容

本书共分为10章：

第1章为导论。本章介绍了本书的研究背景及研究意义。对规模经济、农地适度规模经营做出了概念界定，以及对本书的研究范围做出了详细说明，即本书仅对吉林省玉米种植户适度规模进行测度及对其演变趋势进行研究。从规模经营、规模经济及规模报酬理论、理性小农理论、最优化农户理论、土地产权理论及交易费用理论等构建了本书相关的理论基础。

第 2 章为我国农户演化与适度规模经营的探索。本章第一部分从农户家庭的非农化经营、农业剩余劳动力的兼业化转移两方面，介绍了中国传统小农户的演变与分化的特征，进而说明传统小农户越来越不适应现代农业的发展，然后指出适度规模化经营是农业发展的必然趋势；第一部分指出适度规模经营是农业发展的必然趋势；第二部分进一步说明了我国农地经营规模适度尺度的判定标准及选择；第三部分总结了我国农地适度规模经营实现的目标及条件。

第 3 章为我国玉米生产规模经营的演化。因为本书的研究范围界定为仅对吉林省玉米种植户农地适度规模经营进行研究，所以本章阐述了我国整体玉米生产规模经营的演化。本章第一部分介绍了我国玉米、水稻、小麦三种主要粮食作物的种植区域分布；第二部分从我国农地经营规模及其户均规模变化趋势、过去主要粮食作物播种面积及其变化趋势、农地效率状况及其变化趋势对我国农地总体规模变化趋势进行了分析；第三部分介绍了我国玉米生产的阶段及我国玉米生产规模的变化。

第 4 章为吉林省农地适度规模经营的可行性与必要性。本章第一部分从适宜规模经营的自然条件、交通运输条件、优越的土壤条件及具有增长潜力的社会经济四个方面，阐述了吉林省农地适度规模经营的可行性；第二部分从吉林省国家粮食主产区核心的地位、粮食生产水平阐述了吉林省农地适度规模经营的必要性。

第 5 章为吉林省农地规模经营现状分析。本章第一部分从自然条件、社会经济条件、农业、工业及居民收入消费和社会保障角度介绍了吉林省的基本概况；第二部分阐述了吉林省农地规模经营现状；第三部分阐述了吉林省农地适度规模经营中存在的问题。

第 6 章为吉林省农地适度规模经营判定遵循的价值导向。本章一共分为 5 个导向，分别是：市场需求导向、国家粮食安全的价值导向、增加农民收入的价值导向、产业互进发展的价值导向及生态可持续的价值导向。

第 7 章为吉林省农地适度规模经营的测算。本书是基于微观角度即农户种粮收益最大化角度对吉林省农地适度规模经营进行效率测算。本章第一部分是吉林省农村居民收入状况分析；第二部分则是基于 DEA 方法对农户经营规模效率进行实证分析。

第 8 章为吉林省农地规模经营差异的影响因素分析。在第 7 章对吉林省农地规模经营效率分析的基础上，本章对其影响因素作进一步分析，得出了农村劳动力转移因素、农业机械化因素、城镇化水平因素、社会保障因素及土地流转因素 5 个方面对吉林省农地规模经营效率有显著影响并作出了进一步分析。

第 9 章为日本农地适度规模经营对吉林省的启示。本章选取与吉林省农业条件较为相似的日本农地适度规模经营发展的经验进行比较，找出对吉林省农地适度规模发展可以借鉴的经验。

第 10 章为吉林省农地适度规模经营的政策建议。总结全书，结合吉林省农地适度规模经营的现状及问题与日本农地适度规模发展给吉林省的启示，因地制宜，从吉林省农村土地制度改革创新、建设高标准农田推进适度规模经营、培育新型农业经营主体、深化农业产业化经营、重视农业机械化发展、加强农业社会化服务水平以及大力培育专业农业人才 7 方面，提出可操作并切合吉林省现实发展实际需要的政策建议。

1.5 研究方法

1.5.1 实地调研与统计资料相结合

采用实地问卷调查与统计资料收集相结合的方法是为了掌握当前粮地经营规模效率的实际状况，本书对我国粮食主产区吉林省 300 户不同规模的农户进行随机实地问卷调查，并在每个调查村选取一定数量的农户进行深度访谈。与此同时，为了弥补调查问卷数量和区域局限性的不足，还收集了与论文相关的国内外文献资料和相应的统计资料。

1.5.2　定量分析与定性分析相结合的方法

定量分析方法是当前经济学中重要的研究方法。对于农地规模效率的评价应以定量分析为基础，只有对其量的表现和变化规律进行具体分析，才能综合反映不同规模农户粮食生产的效率状态。同时，任何效率的评价都离不开主体目标价值的判断，通过定性分析确立微观利益主体的价值取向，从而使农地规模效率的评价更加富有针对性。在市场经济环境下，追求效率的同时不得不考虑效率与公平相结合这一原则。因此，本书在对农户意愿经营规模的选择及其影响因素进行研究中，充分考虑了多方面的因素，既有质的规定性，又有量的多样性。因此，本书将定量方法与定性方法密切结合综合运用，找出解决问题的正确途径。

1.5.3　实证计量模型分析方法

在问卷调查的基础上，对数据加以整理，运用计量模型进行实证研究。一方面，在第 7 章数据包络分析法（DEA）中规模报酬可变假设模型 BCC 的基础上构建农地规模效率评价模型，对不同规模农户的粮食生产效率进行评估，并确定粮地效率最优规模；另一方面，在第 8 章运用 Tobit 模型对农户粮地经营规模效率的影响因素进行回归分析。

第2章 我国农户演化与适度规模经营的探索

2.1 我国传统小农户的演变与分化的特征

随着经济水平的提高，农户家庭的经营目标导向发生变化，从生存保障为主的单一目标向生存与富裕并重的双目标发展。但是，在粮食生产比较效益低下、需求价格弹性小的特点下农业产值的增长水平有限，农业收入在农户经济中不断被边缘化，兼业和弃农成为普遍现象，农业渐渐"衰落"。在这个过程中，传统小农户的演变与分化具有以下几个特征：

2.1.1 农户家庭的非农化经营

我国过小的户均耕地面积使农户向非农和兼业化方向发展。第二次全国农业普查数据公报结果显示，2018年末我国约有27000万户农户，平均每户耕地面积不足7亩，而美国单位农场面积是我国户均面积的380倍。2018年，我国的纯农户占总农户数量的36.5%，非农户和兼业农户占到农户数量的一半以上（全国农村固定观察点数据），而在1993年这一比例还保持在49.9%。

根据2010~2018年全国农村固定观察点的农户调查数据，将种粮农户大致分为四类：非粮户（不种植粮食）、自粮户（种粮面积小于 10 亩）、小规模粮户（种粮面积在 10~50 亩）以及种粮大户（种粮面积超过 50 亩）。其中，非粮户大大增加，由 2000 年的 26% 增长到 2018 年的 32%，自粮户比重最大（微略下降，但占农户总量的比重长期在 50% 以上），小规模粮户呈下降趋势，种粮大户比重逐步上升。

2.1.2 农业剩余劳动力的兼业化转移

自 20 世纪 80 年代起，我国农业劳动力开始转移。随着非农就业行为的普遍，兼业农户数量大大增加。农业部农村经济研究中心农村固定观察点数据表明，2018 年农户的非农工作时间占总劳动工作时间的比例达 65% 左右。农户兼业是伴随我国工业化、城镇化发展过程中的一个必然现象，也已经成为农业农村发展的普遍现象，而且在今后相当长一段时期内农户兼业化经营现象仍会存在。

2.1.3 适度规模经营是农业发展的必然趋势

自家庭承包经营体制改革后，极大地调动了农民的生产积极性，传统小规模农户在短时间内对迅速促进农业生产发展以及农民收入的提高发挥了巨大作用。在不到五年时间内，就解决了农民的温饱问题，部分农产品还一度出现过剩，在促进农业生产以及农民收入方面取得了令人瞩目的成就。然而，随着社会的发展和经济条件的改变，传统小规模农户也暴露出诸多问题。

在粮食生产方面，传统小规模农户的生产极不稳定，以自给和半自给为主的小农户生产结构对粮食的市场供给和需求是反向变动的关系。在丰产年份，小农户除去口粮外还要将富余的粮食投入市场，加剧了市场过剩；稍遇灾年，小农户无法实现粮食自给，需要从市场购买部分口粮，进一步扩大了市场供给短缺。稳定性极差的小规模农户生产造成了粮食等基本消费品供需的不稳定性，对社会安定以及国民经济的持续发展也产生了一定的影响。

在增加农户收入方面，粮食生产比较效益偏低，且无法通过提高粮食价格解决这一问题。自 1979 年以来粮食价格经过几次调整提高，最终又都周期性地比价回归更是证明了这一点。1993 年后，国家全面放开粮价，对价格上涨刺激很大，但是由价格提升所形成的大部分利润最终停留在了流通领域。处于生产领域的农民从粮价上涨中得到的利润并不多。而且自给半自给的小农户生产的粮食商品率极低，提价对农民的总收益提升激励作用不大。因此，仅依靠价格手段无法从根本上解决增加农户收入的问题。

农户在粮食生产过程中追求的是效益最大化，往往通过追加投入来扩大总收益，或者通过降低成本的方式获得相对效益。但是，目前我国劳动力价格不断上升，粮食生产技术也基本达到成熟状态，加之粮食价格宏观调控严格，要想通过追加投入来扩大收益是一件较为困难的事情。庞大的农村人口基数和家庭联产承包制下的人均分配土地制度，形成了我国小规模农业生产的状态，使我国增加农户收入、科技推广与农业基础建设方面困难重重，严重阻碍着我国农业现代化的进程。

农地适度规模经营中的农业规模化、机械化的发展特点迅速顺应农业现代化这一形势。目前，种粮大户和农民专业合作社采用的就是通过规模化、机械化的方式，集中购买农资、农具和使用机械作业，通过降低农资价格和提高机械使用效率、降低粮食生产成本，在保持产量基本不变的情况下获取额外收入。从机械使用角度出发的同时，亩均分摊的机械费用和交易成本也大大降低。此外，由于交易数量大，在粮食销售价格方面也比当地小农户占优势。经营规模扩大使农户总收入增长，规模效益的增加也会弥补粮食生产比较效益低的特点。农地适度规模经营需要生产者大量的固定资产投入，这在一定程度上降低其在资源配置上的流动性和灵活性，有利于农业生产的稳定性和长期性，最终形成专业化生产。

粮食适度规模经营在提高农户种粮收益的同时还可以稳定粮食生产，对农业生产技术的推广具有一定的促进作用，有利于农业现代化长远目标的实现。尽管目前小农生产模式仍具有一定优势，但以发展的眼光来看，未来必将为粮食适度规模经营所取代。因此，发展适度规模经营，培育经营规模大、集约化程度高、市场竞争力强的新型农业经营主体，成为了突破当前农业发展困境、推进农业现代化的必然要求。

2.2 我国农地经营规模适度尺度的判定及选择

发展适度规模经营并不是规模越大越好，那么，判断中国现阶段的适度规模应采用何种度量值呢？在已有的文献中，结合不同地区的情况，研究学者分别从单产、收益以及劳动生产率方面提出了对土地经营规模的度量（齐城，2008；黄新建等2013）。然而，基于不同的考虑视角，会带来不同的规模评价标准，根据标准所测度的最优规模也有较大差距，因此有必要对本书的选择标准进行详细的论述。

2.2.1 "适度性"的多种判定标准

农地适度规模经营可以有效促进科技在农业生产中的推广和使用，提高土地产出率和劳动生产率，实现较高的经营效益。但规模并不是简单地越大越好，合理的、经济最佳的规模还需要用一些经济评价指标进行具体分析判断。我国现有的研究中关于适度规模的判断标准基本分为两大类：一类是基于国家宏观视角的土地产出标准（土地产出最大化、综合效率最大化等指标）；另一类是基于农户微观视角的收入标准（家庭收入最大化、农业收入最大化等）。以下就是评判农地适度规模经营标准的不同评价指标体系，如图2-1所示。

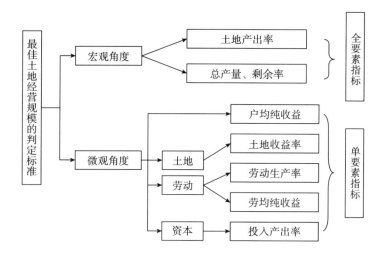

图 2 - 1　土地适度经营规模的判定标准

2.2.1.1　宏观角度指标

农业总产出最大化是从宏观角度出发对农业的一个基本要求。从国家及社会利益角度要求产出越大越好，因此，产量最大化指标也成为政府判断农业经营规模适度与否的首要标准，其内涵与土地产出率指标是一致的。由于粮食的弱质性、正外部性以及粮食的重要战略地位，为保障农业总产出最大化目标的实现，政府往往都对粮食生产进行一定的政策扶持。

土地产出率指标是以平均每单位土地面积上农作物产出量的最大化为目标所得出的最优经营规模指标，也可称为单位面积产量指标。作物品种、劳动、资本以及技术等在土地上的主要投入要素对土地产出率的变化有直接的影响。不同的投入要素数量及组合的变化会导致土地产出率不断变动，因此，根据土地产出率最大化指标确定的最优规模相对来说是动态的。

2.2.1.2　微观角度指标

户均纯收益指标在定义耕地经营规模时以使种植户的年收入与当地城镇居民平均收入水平达到一致时的规模作为目标值。土地收益率指标是以单位面积产出收益最大化为目标所得出的最优经营规模指标，也可称为亩均纯收益指标。土地收益率相对于土地产出率指标更多地考虑到投入成本等价格因素，主要受到投入、产出要素价格因素的影响。在一定条件下，这一指标所对应的亩均纯收益最大化时的面积就可以认为是最优土地经营规模。

劳动生产率指标是以单个农业劳动力的农产品产量最大化为目标所得出的最优经营规模指标。该指标与科技进步情况、劳均耕地面积以及劳均资金情况有极强的相关性。劳均纯收益指标，是以单个劳动力获得的农业纯收入最大化为目标所得出的最优经营规模指标。在具体判断一个生产单位的最优规模时，假定在其他条件不变的前提下，当劳均土地规模达到一定程度时可以获得劳均纯收益的最大化，这个规模值就是既定条件下该指标所对应的最优经营规模。

投入产出率指标（利润率最大化）是一个综合指标，是从整体生产出发，通过要素组合以追求较小的投入量获取最大的产出量的最优经营规模指标。投入产出率指标综合各个投入产出要素，属于全要素生产率指标。投入产出率指标的最优土地经营规模随当地经济发展水平、自然环境而变化。

2.2.2　粮食适度规模经营尺度选择

结合前文所提及的农地适度规模经营的各种标准，根据保障粮食安全和促进农民增收的发展目标，若仅从宏观角度考虑粮食总产量会忽略农户的种粮积极性，不符合农民增加收入的主观能动性，若仅从微观农户收入角度考虑的话，农户追求的是家庭或者个人收入最大化，并不考虑宏观粮食供给的问题，不利于国家粮食安全的保障。只有将调动农户生产能动性的微观目标和粮食产量最大化的宏观目标结合起来的标准才具有实际参考价值。因此，综合前文农地适度规模经营的各种标准，本书最终选取全要素生产率作为指标，以生产效率最优为衡量适度规模的度量值，判断农业适度经营规模。最终在确保粮食生产效率的基础上，通过政策的扶持以及规模的适度提高确保农户收入，以兼顾微观与宏观生产目标。

2.3　我国农地适度规模经营的实现

2.3.1　发展农地适度规模经营的目标

自改革开放以后，我国实行了家庭联产承包制度，在广大农村地区实行以家庭承包经营为基础、统分结合的双层经营体制。家庭联产承包制的确立，极大地解放了农村生产力，提高了农民的生产积极性，农村经济发生了翻天覆地的变化，农民生活水平明显提高。但是，随着市场经济的发展，制度改革所带来的社会经济效应已经发挥到最大，传统的小农生产对农户收入的贡献越来越低，农民将更多的精力和时间投入到比较效益更高的非农行业，粮食增产和农业增收问题日渐凸显。此外，水资源短缺、环境污染和土地肥力下降，农业生产规模小、农业收入水平低，农村基础设施老化且长时间未经改造，农技推广、市场对接等社会化服务不到位等，都成为农业发展和农民收入提高面临的新制约因素。

2.3.1.1　从宏观层面保障粮食安全

早在 20 世纪 90 年代邓小平同志就说过，中国农业的发展必然会经历两个飞跃，其中之一就是在以家庭为单位的基础上实现农地适度规模经营。农地适度规模经营是在家庭联产承包责任制背景下为解决过小的农户规模所提出的新概念，其范畴已经扩展到现代农业领域。在我国人多地少的国情下，确保粮食供给安全成为我国农业生产的重要目标。粮食供给安全意味着中国人的饭碗必须掌握在自己的手中，这需要我们充分利用好现有耕地资源，提高土地资源使用效率。因此，解决粮食安全问题，仅靠政府的农业政策支持还远远不够，鼓励和引导农业经营方式的改变，将分散经营的小农生产方式转变为专业化、集约化的适度规模经营，是在现有条件下保障粮食安全的重要途径。

适度规模经营能够提高土地利用率。在中国耕地资源有限的条件下解决粮食供给问题，要充分利用好现有的 18 亿亩耕地资源，提高土地利用率。据调查，农民进城务工后导致很多耕地出现粗放经营甚至撂荒现象，而种粮大户流转质量较差的耕地或者别人闲置的土地，能够达到提高土地利用效率的目的，并通过新品种、新技术的使用以及专业化生产，提高粮食产量。

适度规模经营能够提高农业生产技术和农产品质量水平。与传统小户相比，种粮大户往往倾向于采用新科技、新品种等方式提高农业生产效率，其在良种、高效栽培、农药防治、测土配方施肥等方面新技术的应用和推广较快。适度规模经营通过提升科技水平使农产品质量以及产量高于一般农户，对释放我国粮食增产潜力具有重大意义。

适度规模经营的发展能够提高粮食生产的组织化和专业化水平。农民专业合作社、农业企业等规模经营主体极大地提升了农户的组织化程度。农民专业合作社主要提供优质种苗、化肥、农药、农机、产品加工包装、营销等农业专业化服务，龙头企业以"订单农业"等方式带动农户参与市场竞争，增强农业抵抗力和抗风险能力，提高农户的组织化水平。此外，在土地流转过程中耕地向部分专业大户和种田能手集中，经营规模到达一定程度后，使农业经营者的经营效益达到外出务工的收入水平，成为专业耕作者，确保了农业劳动力的数量和质量，有利于实现农业专业化生产。

2.3.1.2 从微观层面增加农民收入

自 1998 年以来，中国农业发展的目标由单一的"发展生产、保障供应"向"农业增产，农民增收"的双重目标转变。2008 年，中共十七届三中全会提出"到 2020 年国家粮食安全和主要农产品供给得到有效保障，农民人均纯收入比 2008 年翻一番"的农业发展目标。

改革开放前，我国市场经济不发达，农民家庭收入全部来自农业，尤其是粮食产业，那时农村人均耕地达到 2.7 亩，农民种粮积极性也比较高，在消费方面也主要以自给自足为主。1978 年后，在改革开放的带动下，中国经济飞速发展，在市场化开放的大背景下农户改变家庭收入状况更多的需要依靠种植非粮作物或者进入非农产业来实现。如图 2 - 2 所示，以 2000 年为例，农业人均纯收入占农村人均纯收入的 37%，与 1995 年的 51% 相比下降了 14%，农业收入在农户家庭收入的重要程度已经开始降低。2008 年后，农业人均纯收入甚至不到农村人均纯收入的 1/3，其中 2012 年农业人均纯收入 2106.8 元，农村人均纯收入 8389.3 元，农业人均纯收入占农村人均纯收入的 25.11%，已经跌至近 1/4。

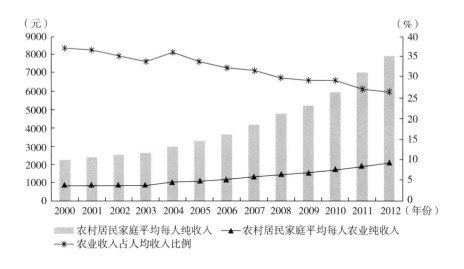

图 2 - 2　我国农村人均纯收入与农业人均纯收入变化（2000～2012 年）

　　因统计口径自 2012 年后进行调整，农村居民人均纯收入改为农村居民人均可支配收入，农业人均纯收入改为经营净收入，特此说明。由表 2 - 1 我们可以看到，2013～2018 年，农村居民人均经营性收入占农村居民人均可支配收入的比重一直稳定在40%～41%，从侧面反映出农地仍是维持我国农村居民生活的重要收入来源。

表2-1　我国农村居民人均可支配收入与人均经营性收入（2013～2018年）

年份	农村居民人均 可支配收入（元）	农村居民人均 经营净收入（元）	经营净收入占可 支配收入比重（%）
2013	9429.60	3934.90	41.73
2014	10488.90	4152.20	39.59
2015	11421.70	4600.30	40.28
2016	12363.40	5021.80	40.62
2017	13432.40	5498.40	40.93
2018	14617.00	5996.10	41.02

因此，在"农业增产"的基础上，怎样提高农民收入水平成为现阶段农业发展的重要目标。农业收入占农民家庭收入的比例大大降低，一方面是因为农村人均耕地面积大大减少，由1949年的2.7亩减少到现在的1.3亩，户均仅为3.6亩；另一方面纯农户的种粮收益已经远低于种植经济作物和外出打工的收益，一些农户选择非农就业来增加收入，农户种植粮食的积极性也越来越低。通过粮食规模经营进而实现农户增收，成为政府与农民生产目标的交集，是实现"农业增产，农民增收"两个重要目标的连接点。

规模经营的好处，一方面更加有利于农业生产技术的推广、农产品标准化程度的提高，保障农业生产；另一方面提高农民的组织化程度、节约交易成本，在粮食稳产增产的情况下实现农民增收。此外，将土地流转给懂技术、有农业生产经验、愿意扩大规模、从事专业化农业生产的农民有利于解决我国未来"谁来种地"的问题。

因此，从国家宏观角度出发的稳生产和农户微观角度出发的促增收就成为了粮食规模经营的最直接目的。2014 年,《关于引导农村土地经营权有序流转发展农地适度规模经营的意见》中再次提出以保障国家粮食安全、促进农业增效和农民增收为目标,加快构建现代农业经营体系。土地流转和新型经营主体的发育以及节本降耗等技术的应用,将有利于家庭经营收入的增长,由此带来规模化产生的规模收益、结构调整产生的效益收入、成本降低而增加的总收益等,能够使家庭经营收入保持平稳,如图 2－3 所示。

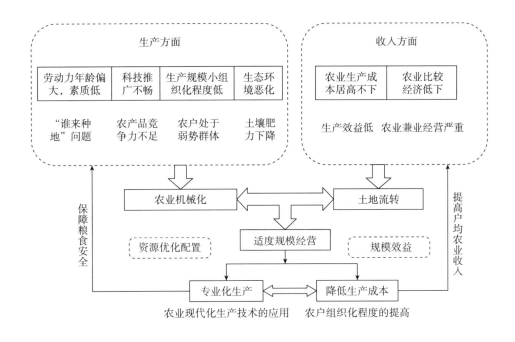

图 2－3　农业适度规模经营目标及实现路径

2.3.2　我国所具备的适度规模经营条件

2.3.2.1　前提条件

农业劳动力向非农产业大量转移为扩大土地经营规模提供了前提条件。中国农业劳动力由第一产业快速地向第二产业、第三产业转移,农业生产以劳动密集型为代表逐渐向资本密集型、技术密集型转变,为实现农业生产规模经营提供了条件。在中国,农户户均耕地面积只有6亩左右,造成农村农业劳动力饱和,大量劳动力向第二产业、第三产业转移,如图2-4所示。

由表2-2可知,1952年,从事第一产业的人数约占总产业人数的83.50%。1978年,这一比例降至70.50%。到1992年,第一产业的人数约占总产业人数的58.50%。2003年,比例下降至不到总产业人数的一半。直到2018年,全国就业人员总数为77586万人,第一产业的人数为20258万人,约占总产业人数的26.11%。1952~2018年,从事第一产业的人数约占总产业人数的比例下降了57.39%。1978年以后,中国农业部门劳动力的急剧下降的主要原因是农村乡镇企业的就业吸收以及政府户籍制度的放松,1978~1997年,中国乡镇企业数目从1500万家增长到2亿家,随着户籍制度的放开,农村劳动力大规模地涌向城市。从图2-4可以看出,随着社会经济的不断发展,我国呈现出的三大产业就业比例变化符合产业经济学的发展规律,第一产业就业比重不断下降,第二产业、第三产业就业比重逐渐上升。

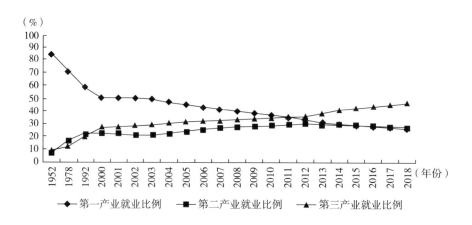

图2-4 我国三大产业从业人数比例变化趋势(1952~2018年)

表 2-2　我国三大产业从业人数比例变化（1952～2018 年）　　单位:%

年份	第一产业就业比例	第二产业就业比例	第三产业就业比例
1952	83.50	7.40	9.10
1978	70.50	17.30	12.20
1992	58.50	21.70	19.80
2000	50.00	22.50	27.50
2001	50.00	22.30	27.70
2002	50.00	21.40	28.60
2003	49.10	21.60	29.30
2004	46.90	22.50	30.60
2005	44.80	23.80	31.40
2006	42.60	25.20	32.20
2007	40.80	26.80	32.40
2008	39.60	27.20	33.20
2009	38.10	27.80	34.10
2010	36.70	28.70	34.60
2011	34.80	29.50	35.70
2012	33.60	30.30	36.10
2013	31.40	30.10	38.50
2014	29.50	29.90	40.60
2015	28.30	29.30	42.40
2016	27.70	28.80	43.50
2017	26.98	28.11	44.91
2018	26.11	27.57	46.32

资料来源：国家统计局。

2.3.2.2　技术支持

农业生产机械化水平迅速提升为适度规模经营提供了技术支持。农业机械总动力的上升、农业机械的增加，意味着农业生产更多地开始依赖机械动力，我国农业生产开始向劳动节约型方向转变。从农业机械总动力的发展情况来看，农机总动力由 1978 年的 11749 万千瓦上升到 2014 年的 108056.6 万千瓦，上涨了9.2倍。从大型农业机械和小型农业机械的发展情况看，大中型农业机械由1978年的55.7358万台上升到2014年的567.95万台，上涨了10倍；小型农业机械从137.3万台上涨到1729.8万台，上涨了12.6倍。在这个过程中，小型农业机械数目的涨速较为均匀，且从2011年开始呈现下降趋势，而大型农业机械的数目自2004年开始表现出相对急剧的上涨趋势。到2018年，我国农业机械总动力为100371.74万千瓦，农用大中型拖拉机数量为4219893台，小型拖拉机数量为18182601台。大型农业机械的急剧增加，为农业生产规模化的迅速发展提供了条件。

2.3.2.3 助力条件

农村土地流转市场的开放促进适度规模经营的实现。我国农村土地流转市场逐渐放开，提高了大田种植农户的耕地可得性。随着农村土地制度改革的不断深化和"三权分置"制度的确立，农村承包地更加有序流转。2004年农村承包地流转面积为0.58亿亩，截止到2014年底，我国农村承包耕地流转面积达3.8亿亩，占承包耕地总面积的28.8%，相比2013年流转率增加2.8%，假定按照年均2.8%的增长速度计算，预期到2030年我国农村承包耕地流转率将达到59%。到2018年，全国家庭承包耕地流转面积超过了5.3亿亩。根据第三次全国农业普查结果，2016年耕地规模化（南方省份50亩以上、北方省份100亩以上）耕种面积占全部实际耕地耕种面积的比重为28.6%。

目前，土地流转速度主要受到耕地资源条件（地势不平、水源不足、不能连片等）、耕地流转的谈判协调程度以及流转后规模经营效益的好坏影响。耕地可得性的提高可以增加总产出、提高要素产出率、降低生产成本，显著增加农户大田种植收入，加快现代化种植业发展进程和保持粮食生产的稳定。此外，合理的耕地流转租金和有效农村金融服务也可以提高大田种植农户的耕地可得性。

2.3.2.4 提供保障

经济发展水平的提高以及农业政策扶持为适度规模经营的稳定发展提供保障。经济发展水平的提高以及农业政策支持有利于发展农地适度规模经营。经济发展水平提高后城镇化建设亟须大量的农村劳动力，农村中青年劳动力大部分选择外出务工，农村劳动力基本呈现老龄化和妇女化现象。加上社会保障制度逐渐健全，农户有了农村社会养老保险、新型农村合作医疗、农村最低生活保障等社会保障，为土地流转提供了条件。经济发展水平及当地农民收入水平的提高为农地适度规模经营创造了有利条件，使农户可以通过自身的逐步积累，实现经营方式的转变。近年来政府对农业的扶持政策也越来越多，粮食直补、农机具购置补贴、农业保险补助、良种补贴等政策直接调动了各经营主体的粮食生产积极性，如表 2-3 所示。

表 2-3 我国现有的农业扶持政策

耕地保护政策	农田水利设施建设政策	财政支持政策	粮食保险政策	税收政策	粮食科技政策
耕地保护与质量提升	农田水利建设	三项补贴（粮食直补、农资综合补贴和两种补贴）	农业保险补助	取消农业税	农业科技推广
测土配方施肥	节水灌溉	农机具购置补贴			
基本农田保护	粮棉油高产创建	种粮大户补贴			
		农产品价格支持补贴			
		产量大县补贴			

第3章　我国玉米生产规模经营的演化

3.1　我国粮食作物区域分布

由于近年来我国农业政策对粮食生产的重视和支持、农业机械化的推进以及粮食作物新品种的推广应用，我国粮食产量稳步提高。在土地制度改革下，我国农村土地市场的逐步放开、农村劳动力兼业化以及非农化也为农业规模经营这一形式提供了发展条件。

3.1.1　我国玉米生产区域分布情况

玉米生产向北扩展，形成主要以北方和中部地区为主的生产区域布局。玉米生产已经分布我国所有省份。经过近50年的调整，玉米生产由北向南扩展，已经基本形成了北方春玉米区、黄淮海夏玉米区、西南山地玉米区、西北灌溉玉米区、南方丘陵玉米区、青藏高原玉米区六大区域。玉米在中国布局广泛，主要分布在东北地区、华北地区和西南地区，形成一个从东北到西南的狭长玉米种植带，这一带状区域集中了中国玉米种植总面积的85%和产量的90%，如表3-1所示。

玉米种植面积最多的辽宁、吉林、黑龙江生产条件最为优越，土壤肥沃，

表 3 – 1　2018 年我国玉米种植大省玉米产量

排名	地区	总产量（万吨）	占比（%）
1	黑龙江	3982.16	15.48
2	吉林	2799.88	10.89
3	内蒙古	2699.95	10.50
4	山东	2607.16	10.14
5	河南	2351.38	9.14
6	河北	1941.15	7.55
7	辽宁	1662.79	6.47
8	四川	1066.3	4.15
9	山西	981.62	3.82
10	云南	926.00	3.60

资料来源：《中国统计年鉴》（2019）。

光、热、水资源与作物生育期同步，其玉米营养品质好，种植面积大，产量高，商品率高，同时该区还是东北生猪主产区和东北肉牛、奶牛带，畜牧业发展潜力强大。黄淮海地区的河南、山东、河北自然条件和农业基础设施较好，有效灌溉面积达 50% 以上，玉米生产水平较高，且播种面积占全国的 25% 以上，区内畜牧业和玉米加工业比较发达，饲用玉米和专用玉米需求量较大。

自 2016 年起，全国玉米逐步调减种植面积，到 2019 年，全国玉米播种面积达到 41280 千公顷，比上年减少约 850.05 千公顷，下降 2.06%；全国玉米种植产量达 26077.89 万吨，比上年增加约 360.50 万吨，增长 1.38%，如图 3 – 1 所示。

2010～2019 年我国玉米单产情况：我国玉米单产水平不断提高，2019 年全国玉米单产为 6317.32 公斤/公顷，比上年增加了 213.03 公斤/公顷，增长 3.49%。2018 年，全国各省每亩平均种植成本 1044.82 元，每亩产值 881.48 元，每亩净利润 – 163.34 元，每亩成本利润率 – 15.63%。全国玉米市场价基本稳定在 100 元/百斤以上。

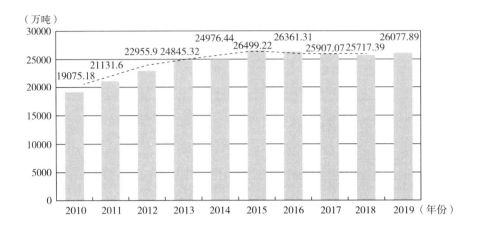

图 3 − 1　我国玉米总产量（2010 ~ 2019 年）

3.1.2　我国小麦生产区域分布情况

小麦生产布局基本稳定，形成以中部黄淮海地区为主的生产区域。我国小麦生产分布广泛，其中小麦种植的主要集中区域位于以山东、河南、河北为代表的黄淮海区域，该区域小麦播种面积约占全国小麦播种面积的 60% 以上。陕西、山西、甘肃、新疆、内蒙古、四川、湖北、云南等部分地区也有少量的小麦种植。根据各地的自然资源条件，如土壤、温度、光照、降雨等，我国基本形成了黄淮海专用小麦优势产业带、东北大兴安岭小麦产业带以及南方长江下游小麦产业带。其中，黄淮海流域主要以生产优质强筋小麦为主，东北部分地区主要以生产面包用硬红春小麦为主，南方部分地区由于气候原因只能生产弱筋小麦。

小麦是我国重要的粮食作物，我国是世界最大的小麦生产国和消费国，由于经济实力的提高，科研能力的提升，使得我国小麦产量一直保持缓慢增长态势，截至 2019 年底，小麦产量 13359.63 万吨，增产 1.64%，小麦种植面积 23727 千公顷，我国小麦单位面积产量持续增长。如图 3 − 2 至图 3 − 4 所示。

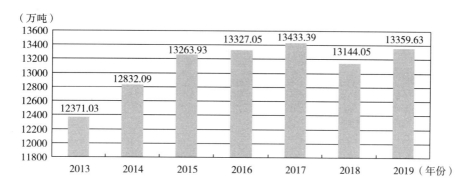

图 3－2 2013～2019 我国小麦产量情况

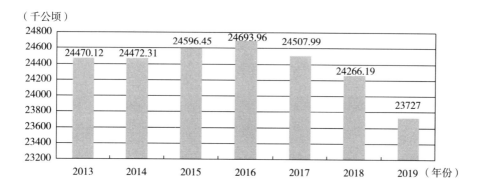

图 3－3 2013～2019 我国小麦种植面积

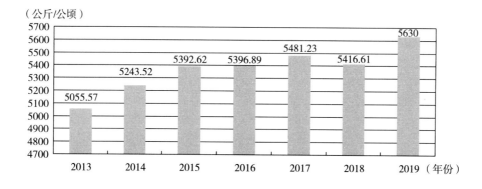

图 3－4 2013～2019 我国小麦单产情况

小麦种植遍布全国,主产区为:河北、山西、河南、山东、安徽、湖北、江苏、四川、陕西等,其中河南为我国小麦产量第一大省,2019 年河南省小麦种植面积 5706.65 千公顷,小麦产量 3741.77 万吨,增长 3.9%,约占全国小麦总产量 28%。

我国小麦贸易长期以进口为主,小麦进口贸易量整体保持稳定,受政策、市场和天气等因素的综合影响,国内小麦的价格高于国外的小麦价格,且价差将继续存在。中国小麦的进口国主要集中在美国、加拿大以及澳大利亚,这些国家贸易实力强大,小麦进口量占我国进口小麦总量的 90% 以上。2019 年我国累计进口小麦 349 万吨,较 2018 年增加 39 万吨,同比增长 12.58%。

3.1.3 我国水稻生产区域分布情况

水稻是我国第二大粮食作物,占粮食种植面积的 35.6%。2018～2019 年(2018 年 10 月至 2019 年 9 月),我国稻谷产量 1.99 亿吨,消费量为 2.03 亿吨;进口量 326 万吨,出口量 326 万吨,进口占消费的比重为 1.60%,出口占生产量的比重为 1.64%。下游消费主要有食用、工业加工、饲用、种用四大用途,食用、工业加工、饲用及损耗、种用量分别为 1.59 亿吨、0.19 亿吨、0.15 亿吨、0.01 亿吨,食用消费占比达 81.96%,是我国第一大口粮品种。

根据水稻种植区域的不同自然生态因素,中国稻区可以划分为 6 个稻作区(南北各 3 个)和 16 个稻作亚区。南方 3 个稻作区的水稻播种面积占全国总播种面积的 94%,稻作区内具有明显的地域性差异,可分为 9 个稻作亚区。北方 3 个稻作区虽然仅占全国播种面积的 6%,但稻作区跨度很大,包括 7 个明显不同的稻作亚区。

3.1.3.1 华南双季稻稻作区

本区位于南岭以南,为我国最南部,包括广东、广西、福建、云南的南部和台湾、海南。地形以丘陵山地为主,稻田主要分布在沿海平原和山间盆地。

常年种植面积约 510 万公顷，占全国稻作总面积的 17%。本区水热资源丰富，稻作生长季 260～365 天，稻作土壤多为红壤和黄壤。种植制度是以双季籼稻为主的一年多熟制，实行与甘蔗、花生、薯类、豆类等作物当年或隔年的水旱轮作。部分地区热带气候特征明显，实行双季稻与甘薯、大豆等旱作物轮作。稻作复种指数较高。本区分 3 个亚区：闽粤桂台平原丘陵双季稻亚区、滇南河谷盆地单季稻亚区和琼雷台地平原双季稻多熟亚区。

3.1.3.2　华中双单季稻稻作区

本区东起东海之滨，西至成都平原西缘，南接南岭山脉，北舷秦岭、淮河。包括江苏、上海、浙江、安徽、湖南、湖北、四川、重庆的全部或大部，以及陕西、河南两省的南部，属亚热带温暖湿润季风气候。稻作常年种植面积约 1830 万公顷，占全国稻作面积的 61%。稻作生长季 210～260 天，稻作土壤在平原地区多为冲积土、沉积土，在丘陵山地多为红壤、黄壤和棕壤。本区双、单季稻并存，籼稻、粳稻、糯稻均有，杂交籼稻占本区稻作面积的 55% 以上。在 20 世纪 60 年代至 80 年代，本区双季稻占全国稻作面积的 45% 以上，其中，浙江、江西、湖南 3 省的双季稻占稻作面积的 80%～90%。本区稻米生产的产量，对全国粮食形势起着举足轻重的作用。

太湖平原、里下河平原、皖中平原、鄱阳湖平原、洞庭湖平原、江汉平原、成都平原历来都是中国著名的稻米产区。耕作制度为双季稻三熟或单季稻两熟制并存。长江以南多为单季稻三熟或单季稻两熟制，双季稻面积比重大，长江以北多为单季稻两熟制或两年五熟制，双季稻面积比重较小。四川盆地和陕西南川道盆地的冬水田一年只种一季稻。本区分 3 个亚区：长江中下游平原双单季稻亚区、川陕盆地单季稻两熟亚区和江南丘陵平原双季稻亚区。

3.1.3.3　西南高原单双季稻稻作区

本区包括湖南、贵州、广西、云南、四川、西藏、青海的部分或大部，属亚热带高原型湿热季风气候。气候垂直差异明显，地貌、地形复杂。稻田在山间盆地、山原坝地、梯田、垄瘠都有分布，高至海拔2700米以上，低至海拔160米以下，立体农业特点非常显著。稻作常年种植面积约240万公顷，占全国稻作总面积的8%。稻作生长季180~260天。稻作土壤多为红壤、红棕壤、黄壤和黄棕壤等。本区稻作籼粳并存，以单季稻两熟制为主，旱稻有一定面积，水热条件好的地区有双季稻种植或杂交中稻后养留再生稻。冬水田和冬坑田一年只种一季熟中稻。本区病虫害种类多，危害严重。本区分3个亚区：黔东湘西高原山地单双季稻亚区、滇川高原岭谷单季稻两熟亚区和青藏高原河谷单季稻亚区。

3.1.3.4　华北单季稻稻作区

本区位于秦岭—淮河以北，长城以南，关中平原以东，包括北京、天津、山东全部，河北、河南大部，山西、陕西、江苏和安徽的一部分，属暖温带半湿润季风气候，夏季温度较高，但春、秋季温度较低，稻作生长季较短。

常年稻作面积约120万公顷，占全国稻作总面积的4%。本区年降雨量580~1000毫米，但季节间分布不均，冬春干旱，夏秋雨量集中。稻作土壤多为黄潮土、盐碱土、棕壤和黑黏土。本区以单季粳稻为主。华北北部平原一年一熟稻或一年一季稻两熟或两年三熟搭配种植；黄淮海平原普遍一年一季稻两熟。灌溉水源主要来自渠井和地下水，雨水少、灌溉水少的旱地种植有旱稻。本区自然灾害较为频繁，水稻生育后期易受低温危害。水源不足、盐碱地面积大，是本区发展水稻的障碍因素。本区分2个亚区：华北北部平原中早熟亚区和黄淮海平原丘陵中晚熟亚区。

3.1.3.5　东北早熟单季稻稻作区

本区位于辽东半岛和长城以北，大兴安岭以东。包括黑龙江及吉林全部、辽宁大部和内蒙古的大兴安岭地区、哲里木盟中部的西巡河灌区，是我国纬度最高的稻作区域，属寒温带一暖温带、湿润一半干旱季风气候，夏季温热湿润，冬季酷寒漫长，无霜期短。年平均气温2℃~10℃，但光照充足，昼夜温差大，稻作生长期短。土壤多为肥沃、深厚的黑泥土、草甸土、棕壤以及盐碱土。本区地势平坦开阔，土层深厚，土壤肥沃，适于发展稻田机械化。耕作制度为一年一季稻，部分国有农场推行水稻与旱作物或绿肥隔年轮作。最北部的黑龙江稻区，粳稻品质十分优良，近20年由于大力发展灌溉系统，稻作面积不断扩大，目前已达到157万公顷，成为中国粳稻的主产省之一。本区分2个亚区：黑吉平原河谷特早熟亚区和辽河沿海平原早熟亚区。

3.1.3.6　西北干燥区单季稻稻作区

本区位于大兴安岭以西，长城、祁连山与青藏高原以北，包括新疆、宁夏的全部，甘肃、内蒙古和山西的大部，青海的北部和日月山以东部分，陕西、河北的北部和辽宁的西北部。东部属半湿润—半干旱季风气候，西部属温带—暖温带大陆性干旱气候。本区虽幅员广阔，但常年稻作面积仅30万公顷，占全国稻作总面积的1%。光热资源丰富，但干燥少雨，气温变化大，无霜期160～200天。稻田土壤较瘠薄，多为灰漠土、草甸土、粉沙土、灌淤土及盐碱土。稻区主要分布在银川平原、天山南北盆地的边缘地带、伊犁河谷、喀什三角洲、昆仑山北坡。本区出产的稻米品种优良。种植制度为一年一季稻，部分地方有隔年水旱轮作，南疆水肥和劳畜力条件好的地方，有麦稻一年两熟。本区分3个亚区：北疆盆地早熟亚区、南疆盆地中熟亚区和甘宁晋蒙高原早中熟亚区。

在粮食安全政策的绝对红线下，我国稻谷生产整体呈现出相对稳定的态势。从图3-5可以看出，2008～2018年，我国稻谷播种面积从29350.26千公顷上升至30189.45千公顷，增长2.86%；稻谷产量从1.84亿吨上升至1.99亿吨，增长8.15%，整体呈现出相对稳定的趋势。

为了保证农民种植稻谷的积极性，我国稻谷实行最低收购价制度。从2004年开放粮食流通市场后，国家为了稳定国内稻谷产量，对稻谷实行了最低收购价保护制度，且呈现收购价格连年提高趋势。2017年，受库存较大影响，

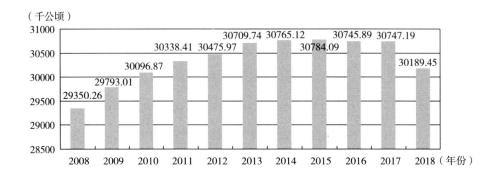

图 3 - 5　2008 ~ 2018 年我国水稻播种面积

最低收购价出现下调，稻谷库存也于 2018 年见顶，达到 1.76 亿吨，2019 年同比下滑 0.32% 至 1.75 亿吨。2020 年，国家对粮食安全的重视程度增加，稻谷的最低收购价结束了持续三年的下降，变为上涨 1 分钱。同时，国务院常务会议宣布鼓励农民恢复种植双季稻，也就是连续三年快速下降的早稻再次被鼓励种植。

进口方面，我国每年稻谷进口量维持在 400 万吨左右，占国内稻谷消费总量的比重在 2% 左右，整体对我国稻谷市场影响不大。2019 年，我国稻谷进口量为 326 万吨，同比下滑 9.60% 。

3.2　我国农地规模变化趋势分析

耕地是粮食生产的基础，其面积大小在很大程度上决定着粮食的生产规模，进而影响粮食产量。耕地面积的减少，对粮食安全具有明显的制约作用。根据"十一五"规划纲要，到 2010 年末我国耕地面积必须确保不低于 18 亿亩。这意味着，"十一五"期间我国年均净减少耕地面积不能超过 650 万亩。

截至 2006 年 10 月 31 日，全国耕地面积已降为 18.27 亿亩，比上年度末净减少 460.20 万亩，仅一年减少的数据量就占五年可减少容忍总量的 70.80%。由此可看出，按照我国目前的耕地面积下降速度则很难达到"十一五"规划纲要的目标，而且从历年耕地的变化趋势来看，我国耕地总量、农村户均、人均以及劳均规模仍然呈继续下降的态势。如图 3-6 所示。

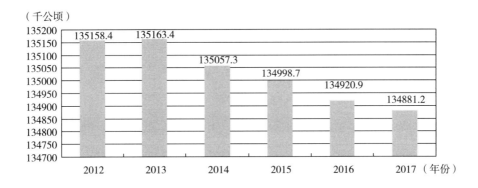

图 3-6　2012～2017 年我国耕地面积总量

根据《中国农业发展报告》和《新中国五十年农业统计资料》数据绘成图，1996 年的耕地总量突然出现上升，比 1995 年多出 5.26 亿亩，但实际并非如此。1997 年我国进行的第一次农业普查摸清了实有耕地面积是 19.51 亿亩。只是统计数据的计量单位和口径更加标准化，从而使我国的耕地面积也比以前更加精确，实际耕地并没有增加。

为了便于比较，这里将耕地面积的变化分成三个阶段：1978～1995 年为第一阶段，1996～2006 年为第二阶段，2007～2017 年为第三阶段（因目前公布的数据仅到 2017 年，故在此做这样的划分）。我国耕地面积从历年的整体变化趋势来看是不断下降的。1978 年我国耕地面积为 14.91 亿亩，到 1995 年已降为 14.25 亿亩，共减少了 6623.45 万亩，平均每年减少近 390 万亩。1996 年进行农业普查统计的耕地面积为 19.51 亿亩，到 2006 年减少到 18.27 亿亩，净减少了 1.24 亿亩，平均每年减少 1239.50 万亩。到 2017 年，统计的我国耕地面积为 13.49 亿亩，耕地面积净减少 4.78 亿亩，平均每年减少 4345.45 万亩。由此可见，在第三阶段我国耕地每年减少数量明显增加，是第一阶段年均递减量的 11.14 倍。

从图 3-7 可以看出，在耕地总量不断减少的同时，我国农户耕地规模也呈现不断下降的趋势。从我国农户耕地 1978～2006 年的规模变化可以看出，自 1978 年以来，农户耕地经营规模无论是户均、劳均还是人均都呈下降趋势，这说明，我国农户土地经营规模愈来愈小，尤以家庭经营规模下降最为明显。从 1978 年户均耕地面积为 8.59 亩，到 1995 年这一规模已降到 6.12 亩，与此同时，劳均规模和人均规模也分别由 4.87 亩和 1.86 亩下降到 1995 年的 3.16 亩和 1.55 亩。在第二阶段，1996 年户均家庭经营耕地面积为 8.32 亩，到 2006 年降为 7.18 亩，在这一阶段的下降速度并没有表现出有所放慢的态势。在此期间，乡村劳均和人均耕地面积也在进一步地减少，分别从 4.31 亩和 2.12 亩减少到 3.59 亩和 1.91 亩。由此可以看出，农户经营耕地面积减少已是不可避免的趋势。

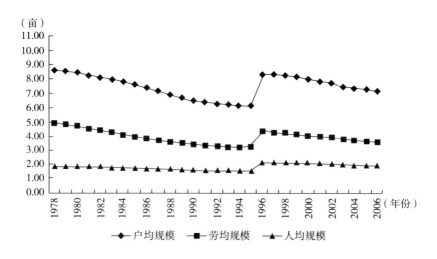

图 3-7　1978～2006 年我国农户耕地规模变化趋势

由图 3－8 可以看出，2007 年以后直到 2018 年，无论是户均、劳均还是人均粮食规模均比较稳定，户均规模大约为 4 亩，劳均规模为 2.2 亩，人均规模稳定在 1.26 亩左右。广大农户在如此小的耕地规模上很难实现发家致富奔小康的目标。而且建设社会主义新农村实现农业现代化这一伟大任务单靠"超小规模"农户是无法完成的。因此，在全国总体耕地规模不能扩大的情况下，我们有必要实现土地的适度集中，提高规模效率，从而发挥土地的规模效益。

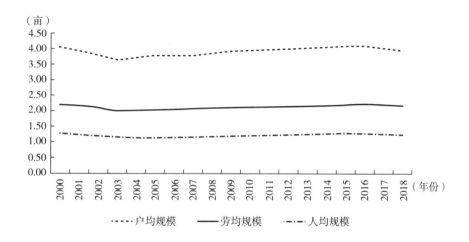

图 3－8　2000～2018 年我国农户耕地规模变化趋势

3.2.1　我国农地经营规模及其户均规模变化趋势分析

对于拥有 14 亿人口的我国而言，粮食生产对人们的生产、生活具有举足轻重的作用。从 2003 年粮食产量大幅度减少引发与粮食有关产品价格的急剧上升，再到 2007 年以粮食价格为代表的全面物价上涨导致通货膨胀的压力飙升，都实实在在证明了我国不可一日忽视粮食生产，保护农地则是其中永远不变的主题。由于我国用于粮食生产的土地占耕地总量的绝大部分，并且统计年鉴中并没有专门直接给出用于粮食生产的耕地数量这一指标，所以很多学者往往往用耕地规模增减来反映农地规模的变化。但是，随着经济的发展和人民生活水平的提高，无论是农地总量还是用于粮食生产的耕地比例都在逐年减少，如果再用整个耕地规模代替农地规模必然会引起人们对粮食生产规模认识上的误差。因此，为了客观反映农地生产经营规模，采用"粮食播种面积"指标将是很好的选择。粮食播种面积能够很好地反映粮食的生产经营规模，而且国家在计算单位耕地面积粮食产量时也采用粮食的播种面积作为基数。

从表3-2可知，虽然粮食作物播种面积总量在各年间差距不大，但总体呈不断下降的趋势。1978年粮食作物播种面积达120587.20千公顷，是最多的一年。到1990年该面积减少至113465.87千公顷，减少7121.33千公顷，平均每年减少593.44千公顷。1996年农业普查使我国粮食播种面积得到更加精确的统计，当年播种面积为11254.79千公顷，到2011年，粮食播种面积出现最低值，为99410.37千公顷。由此可看出，1996~2011年粮食播种面积的减少有加速的趋势。值得进一步关注的是2011年，在该年我国粮食播种面积首次跌破100000千公顷。造成农地播种面积下降的原因是多方面的，但其中最重要的原因是种粮比较效益的低下严重影响了广大农民种粮的积极性。另外，再加上国家价格支持力度的减弱以及农业生产资料价格的不断上涨进一步降低了种粮的收益，最终导致该年粮食播种面积的大幅度减少。自2008年以后，国家开始对主要农产品实行政策支持，效果在2011年后开始显现，2011年以后粮食播种面积开始缓慢增加，2018年粮食播种面积为111695.42千公顷。

扩大粮食经营主体的种植规模是增进粮食生产效率的一个有效途径，但是我国目前粮食播种面积的户均规模、劳均规模以及人均规模均不容乐观，三者与粮食播种面积总体表现出相同的变化趋势，其中劳均规模下降最为明显。1978年劳均规模为5.90亩，1990年缩小至4.05亩，降幅高达31.36%，之后劳均播种规模仍在继续波动下降，2018年已降到2.14亩。相比之下，户均播种规模下降幅度虽然低于劳均规模，但降幅仍然非常高。1978年户均规模为

表 3 – 2 1978 ~ 2018 我国粮食播种面积变化情况

年份	粮食作物播种 面积（千公顷）	粮食占农作物 播种面积比重（%）	户均规模 （亩）	劳均规模 （亩）	人均规模 （亩）
1978	120587.20	80.34	10.43	5.90	2.25
1990	113465.87	76.48	7.65	4.05	1.90
1995	110060.40	73.43	7.09	3.67	1.80
2000	108462.54	67.18	4.04	2.20	1.28
2005	106080.03	65.22	3.93	2.15	1.25
2010	103890.83	66.17	3.82	2.09	1.21
2011	99410.37	67.07	3.63	1.99	1.15
2012	101606.03	68.98	3.69	2.02	1.17
2013	104278.38	69.28	3.77	2.05	1.20
2014	104958.00	69.13	3.77	2.06	1.20
2015	105998.62	70.12	3.79	2.08	1.21
2016	107544.51	70.43	3.83	2.09	1.21
2017	110255.09	70.45	3.90	2.13	1.24
2018	111695.42	70.57	3.94	2.14	1.25

资料来源：国家统计局。

10.43 亩，1990 年降至 7.65 亩，降幅高达 26.65%，到 2000 年户均规模已减少到 4.04 亩左右，其中 2011 年是户均规模最小的一年，仅有 3.63 亩。与前两个规模相比人均规模下降幅度相对比较小，1978 年人均播种面积为 2.25 亩，1990 年降至 1.90 亩，降幅为 15.56%，2018 年该规模缩小到 1.25 亩。从粮食播种面积的户均规模、劳均规模和人均规模变化情况分析，如果三者继续保持这种不断缩小的趋势，我国种粮农户的小规模零碎化生产状态将会得到进一步加剧，这样不但不会提高农地生产效率，反而会增加粮食的生产成本，削弱我国粮食生产国际竞争力。

3.2.2 全国主要粮食作物播种面积及其变化趋势分析

考察粮食总体播种面积发展变化仅能了解规模总量的增减情况，为了反映粮食作物播种面积的结构变化状况，有必要进一步分析主要粮食作物播种面积的变化趋势。表3-3显示了1978~2018年我国主要粮食作物稻谷、小麦、玉米的播种面积以及各自占粮食作物播种面积比重情况。从中可以看出，稻谷播种面积表现出整体波动下降的趋势，小麦播种面积呈现波动上升然后又波动下降的格局，而玉米的播种面积则与小麦相反，先小幅波动下降然后整体波动上升。

表3-3 1978~2018年全国主要粮食作物播种面积及比重变化情况

单位：千公顷,%

年份	稻谷		小麦		玉米	
	面积	比重	面积	比重	面积	比重
1978	34420.87	28.54	29182.60	24.20	19961.13	16.55
1990	33064.47	29.14	30753.20	27.10	21401.47	18.86
2000	29961.72	27.62	26653.28	24.57	23056.11	21.26
2001	28812.38	27.16	24663.76	23.25	24282.05	22.89
2002	28201.60	27.15	23908.31	23.01	24633.71	23.71
2003	26507.83	26.67	21996.92	22.13	24068.16	24.21
2004	28378.80	27.93	21625.97	21.28	25445.67	25.04
2005	28847.18	27.66	22792.57	21.86	26358.30	25.28
2006	28937.89	27.57	23613.00	22.50	28462.98	27.12
2007	28972.75	27.33	23761.62	22.42	30023.72	28.32
2008	29350.26	27.29	23703.61	22.04	30980.68	28.81
2009	29793.01	27.02	24425.25	22.15	32948.34	29.88
2010	30096.87	26.95	24442.27	21.88	34976.73	31.31
2011	30338.41	26.85	24506.86	21.69	36766.52	32.54
2012	30475.97	26.65	24550.93	21.47	39109.23	34.20

续表

年份	稻谷		小麦		玉米	
	面积	比重	面积	比重	面积	比重
2013	30709.74	26.50	24439.65	21.09	41299.21	35.63
2014	30765.12	26.19	24442.70	20.81	42996.81	36.61
2015	30784.09	25.88	24566.90	20.65	44968.39	37.80
2016	30745.89	25.79	24665.78	20.69	44177.61	37.05
2017	30747.19	26.06	24478.15	20.75	42399.00	35.93
2018	30189.45	25.79	24266.19	20.73	42130.05	36.00

资料来源：国家统计局。

1978～1990 年稻谷播种面积在 300000 千公顷以上；2000～2009 年稻谷播种面积降至 29000～30000 千公顷，2010～2018 年，稻谷播种面积在 30000～31000 千公顷；小麦播种面积从 1978～1999 年均稳定在 26666 千公顷以上。2000～2018 年，小麦的播种面积整体保持在 24000 千公顷，2004 年小麦播种面积最小，为 21625.97 千公顷；可以说玉米是谷物中唯一大面积种植且播种面积 1978～2016 年均不断波动增加的粮食作物。从 2017 年开始，由于种植结构改革以及没有玉米临储价格保护政策之后，玉米播种面积整体表现不断下降的格局。1986 年，我国玉米播种面积开始呈现波动上升趋势，尤其是 1994～1999 年和 2003～2006 年这两个阶段，播种面积大幅度增加，年均增幅分别达 4.49% 和 4.02%。

在稻谷、小麦、玉米播种面积总量不断变化的同时，三者在粮食作物总播种面积中所占的比重也发生了变化。从表 3－3 可以看出，稻谷种植比重呈现出波动上升下降，1978～1990 年稻谷比重整体呈稳步提高态势，从 28.54% 最高提高到 29.14%；1990～1994 又是稻谷比重的下降阶段，1995～2000 年稻谷种植比重稳定在 27.62%，2000～2016 年稻谷比重波动下降，稳定在 26%～27%，2017～2018 年稻谷比重又表现小幅度提高。小麦播种面积比重与稻谷变化趋势大致相当，也呈现出波动性上升下降，1978～1986年，为小麦播种比重的上升阶段，从24.20%上升至26.70%；1987年小麦比重减少为25.88%；1988～1993年又是小麦种植比重的上升阶段；1994～2018年，小麦比重近乎为下降趋势。玉米播种面积自1978年开始，直到2015年都在稳步上升，由1978年的16.55%上升至2015年37.80%，近几年来，由于种植结构调整问题的提出，以及中央对于玉米临储收购政策的停止，对玉米的播种比重有一定的影响。

3.2.3　农地效率状况及其变化趋势分析

当前我国耕地尤其是用于粮食生产的土地不断减少已经成为经济发展的必然趋势，历年耕地及农地规模的变化情况也恰恰证明了这一现实，在我国人口不断增长的情况下，要想保证人们生产、生活对粮食持续增长的需求，提高农地生产效率应该是一个行之有效的途径，只有不断增加单位土地面积粮食产量，才能满足国内粮食的有效供给量，进而保障国家的粮食安全。我国当前农地生产效率与改革开放初期相比有了很大的提高。

3.2.3.1　农地经营土地产出率分析

农地产出率指单位时间内（通常一年）单位农地播种面积上的粮食产出。产出可用实物量或价值量来表示，由于我国人口众多，粮食数量安全对粮食生产更加具有重要的意义，另外，价值量往往受粮食价格波动的影响较大，因此本书选择实物量来反映农地产出率。

我国实行家庭联产承包责任制后，历年农地产出率不断增加，虽然在某些年份有所下降，但整体始终保持着上升的趋势。1978年每亩土地粮食产出为168.49公斤，2017年已增加到327.01公斤。其中，1981～1984年，是我国农地产出率增长最快的时期，平均每年增长17.35公斤/亩，年均增幅为9.21%，1982年农地产出率由1981年的每亩188.49公斤/亩增加到208.29公斤/亩，这一年的增加对我国粮食生产具有重要的意义，从此我国农地产出率上了 200 公斤/亩的平台。如表 3 - 4 所示。

表 3 - 4　2000 ~ 2017 我国粮食土地产出率变化情况　单位：公斤/亩

年份	土地产出率	年份	土地产出率
2000	253. 14	2009	295. 44
2001	247. 91	2010	306. 23
2002	250. 33	2011	322. 32
2003	235. 89	2012	301. 98
2004	257. 13	2013	310. 97
2005	265. 10	2014	315. 74
2006	272. 78	2015	326. 23
2007	276. 12	2016	326. 33
2008	292. 66	2017	327. 01

资料来源：国家统计局。

1998 年我国农地产出率首次超过 300 公斤/亩，达到 300. 15 公斤/亩。然而，1999 ~ 2009 年，农地产出率没有超过 300 公斤/亩。直到 2010 年农地产出率又恢复到 300 公斤/亩以上，达到 306. 23 公斤/亩。截止到 2017 年，一直保持上升的格局。

我国农地产出率的增长除了国家政策的推动外，与广大农民积极的投入是分不开的，尤其是良种、化肥、农药的投入以及相关技术的采用更是为农地产出率的增长打下坚实的基础。对于农地产出率增长率而言，各个年间波动幅度较大，但总体呈下降趋势。增长率的变化特征充分展现了我国粮食生产的波动现象，另外，增长率的总体变化趋势表明，虽然农地产出率在不断上升，但上涨幅度在逐渐下降，上升空间在逐渐缩小。

3.2.3.2　农地经营劳动生产率分析

劳动生产率从劳动力要素角度反映了我国农地经营的生产效率状况，劳动生产率越高，劳均粮食产量也就越多，每一农业劳动者能够负担的非农人口也就越多。与发达国家相比，劳动生产率低一直是困扰我国粮食生产的一个重要"瓶颈"。针对这一状况，全国各地采取各种措施来提高我国农地的劳动生产率，其中扩大农户农地规模经营是被广泛采用的途径。

劳动生产率增长率变化趋势与土地产出率大致相当，即整体是逐渐下降的，但与土地产出率不同的是，劳动生产率增长率继 1978 年大幅度上升后，2004 年再次出现大幅度增加并达到有史以来的最高增幅，这两年的增长率分别高达 11.16% 和 11.37%。由此可看出，我国劳动生产率增长率受政策影响非常显著，1978 年是我国全面实行家庭联产承包责任制的第一年，而 2004 年是国家对种粮农户加大支持力度的一年，这两年的国家政策均导致了劳动生产率增长率大幅度上升。

3.2.3.3 农地经营成本利润率分析

（1）农地成本分析。

随着我国市场经济的发展，国内在核算农地经营成本囊括的指标也在不断发生转变。在以往成本核算中，农地经营的总成本主要包括两个部分，一部分是物质费用，即生产过程中消耗的各种农业生产资料及各项支出费用，包括直接生产费用和间接生产费用；另一部分是人工成本，又称为用工作价，即生产过程中直接使用的劳动力成本，它等于用工量与劳动日工价的乘积。2004 年，我国开始实施新农产品成本调查核算指标体系，新指标体系在体系结构、指标名称及关系、指标含义乃至调查汇总方法等方面都作了重大调整，从而使各项指标充分体现市场经济条件下的要素投入价格。

对于粮食生产而言，新指标下的经营成本包含了更多的内容，仍然是由两大部分组成。农地经营成本的第一部分是生产成本，即直接生产过程中为生产粮食而投入的各项资金包括实物、现金和劳动力的成本，它反映了为生产该产品而发生的除土地以外的各种资源耗费，其值等于物质服务费用与人工成本的总和。与原来物质费用相比，新指标把生产购买服务的支出纳入生产成本，另外，在人工成本中，不仅包括家庭用工作价还包括雇工费用。构成经营成本的第二部分是土地成本，也可称之为地租，指土地作为一种生产要素投入到生产中的成本，包括流转地租金和自营地折租。总成本具体构成如图 3-9 所示。

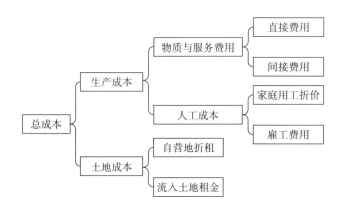

图 3-9　农地经营总成本构成

将土地和自用工成本纳入经营成本之中，是我国农地成本核算的一大突破。在以往农地生产经营的成本收益分析中，受农村家庭经营方式的影响，很多研究对农地生产经营成本的核算非常模糊，难以精确地反映农地的成本收益率。集中体现在家庭农忙时期的雇工费用普遍没有纳入核算体系，未被列入农地经营总成本支出项目，而且粮食生产中的自用工成本和家庭土地成本在总成本核算中往往被忽视。

随着我国市场经济的发展，农村劳动力的就业机会越来越多，其从事粮食生产的机会成本也越来越大，放弃粮食生产的机会成本不断降低，因此在核算总成本时应充分考虑家庭劳动力的自用工成本，并应将其纳入总成本支出项目中。当前农民不仅可以在自己的土地上务农，还可被雇帮助他人从事农业劳动，农忙时期的雇工逐渐频繁起来，这项成本在粮食生产成本中所占的比重也愈来愈大，尤其在规模种植户中更是如此，雇工成本的纳入将会更准确地反映粮食在市场经济条件下的生产成本。作为一个土地稀缺的国家，随着土地流转机制不断完善，粮食生产中的土地机会成本不断上升，目前已成为一个不可逆转的趋势。另外，国家对农民承包土地财产性质的进一步确定，使得农地在当地一定范围内形成了相对"有限"不可改变土地用途的土地流转市场。因此，土地的转租、转包、租赁等成本在市场条件下也必然构成农地经营总成本的一部分，这与农户的自用工成本性质是相同的。

本书在分析我国农地经营成本与收益状况时，并未对所有粮食作物一一进行分析，因为这样做也不现实，所以，在这里采用我国三种主要粮食作物稻谷、小麦、玉米的平均成本与收益作为分析对象。另外，为了与国家核算口径统一，这里成本与收益状况以亩为单位，1 公顷等于 15 亩。

我国农地经营总成本包括生产成本和土地成本，其中，生产成本包括物资与服务费用以及人工成本，如表 3－5 所示。进一步从历年农地经营成本的变化情况来看，生产成本的变化趋势与总成本基本一致，整体以上升为主，1997～2001 年出现下降，然后又迅速回升。在生产成本中，物质与服务费用的变化与其大致相同，人工成本总体也呈上升格局，但在 1995 年和 1996 两年出现大幅攀升，1995 年的人工成本由 1994 年的 77.01 元增加到 116.07 元，1996 年又突然上涨到 152.29 元，两年的平均增幅达到 40.96%，之后开始回落。但随着经济的不断发展，人工成本也表现出逐渐增加的趋势，2000～2018 年，人工成本一直处于波动上升，由 2000 年的 126.35 元上涨到 2018 年的419.35 元。

至于土地成本，无论是其总量还是其在总成本所占的比重整体均呈上升趋势。1993～1996 年是土地成本上升比较快的三年，由每亩 14.34 元增加到每亩33.72 元，1997 年有所回落，但 1998 年创下单年土地成本最大增幅，由 1997

年的每亩 30.48 增加到每亩 52.22 元，增幅达 71.33%，相应在总成本中的比重也从 7.9% 上升到 13.6%。1999～2001 年由于国家土地税费改革实施，使土地成本逐渐下降，但这一局面到 2002 开始逆转，并出现连续五年增加的态势，截止到 2006 年土地成本已增加到每亩 68.25 元，平均每年增加 10.1%。自 2008 年以后，随着国家对农业扶持政策的推进，土地成本不断增加，到 2018 年，土地成本已经达到 224.87 元。从上面的分析可以看出，农地经营成本的上涨主要是由于物质与服务费用、人工成本、土地成本的增加，特别是人工成本和土地成本的上涨，如表 3-5 所示。

表 3-5 1978～2018 年我国农地经营每亩成本构成情况　　　单位：元

年份	总成本	总成本构成			
		生产成本	生产成本构成		土地成本
			物质与服务费用	人工成本	
1978	58.23	56.00	29.36	26.64	2.23
1995	321.76	294.39	178.32	116.07	27.37
1996	388.70	354.98	202.69	152.29	33.72
1997	386.05	355.57	202.57	153.00	30.48
1998	383.85	331.63	195.62	136.01	52.22
1999	370.68	321.15	192.72	128.43	49.53
2000	356.18	309.22	182.87	126.35	46.96
2005	425.02	363.00	211.63	151.37	62.02
2013	1026.19	844.893	415.12	429.71	181.36
2014	1068.57	864.63	417.18	446.75	203.94
2015	1090.04	872.28	415.74	447.21	217.76
2016	1093.62	871.35	408.63	441.78	222.27
2017	1081.59	866.01	393.89	428.83	215.58
2018	1093.77	868.90	383.70	419.35	224.87

在表 3 - 5 中，物质与服务费用占农地经营成本一半以上，它的增减变动对总成本具有重大的影响，尤其是物质与服务费用中由农业生产资料构成的直接费用，其直接影响着广大农民种粮的收益，因此，这里有必要对直接费用的构成作进一步的分析。在农地经营的直接费用中，包括种子费、化肥费、农家肥费、农药费、农膜费、租赁作业费、机械作业费、排灌费、畜力费、燃料动力费、技术服务费、工具材料费、修理维护费、棚架材料费、其他直接费用共项费用。

农地经营的直接费用中化肥费用所占比重一直是最大的，并且其比重和总量呈不断上涨的态势。1978～1987 年化肥费用比重还在 30%～40%，1988～2006 年这一比重已上升到 40% 左右。随着化肥的推广和应用，农家肥费用所占比重逐渐减少。对于我国农地种子费用，其数量有所增加但比重相对比较稳定，保持在 12%～14%。近年来，我国农地经营的机械费用、农药费用不断增加，尤其是机械费用上涨非常迅速。综上分析，化肥费、农药费、机械作业费用的增加是导致农地经营成本直接费用增加的最主要原因，但这些费用的上升同时说明我国农地经营正在逐渐向化学化和机械化方向转变。

（2）农地成本利润率分析。

农户作为独立的经营组织，其农地经营的产值在一定程度上反映了从事粮食生产经营所获得的收入—利润。通常情况，农地经营产值越高，农户获得的利润也越高。

农地经营的净利润是每亩农地产值扣除生产过程中所有投入资本、劳动力和土地等后的余额，它反映了粮食生产消耗全部资源的净回报以及农民获得的净收入，而成本利润率则反映了相对于投入全部生产要素的成本这种净利润的高低。我国农地经营 1978～2006 年的每亩净利润以及成本利润率的变化，绝大多数年份随农地经营净利润的增加，成本利润率也会增加，反之亦然，但 1995 年是个例外。该年每亩净利润增加了 115.57 元，但成本利润率却下降了 10.09% ，之所以出现该种状况主要是当年农地经营成本上升幅度较大。成本利润率呈现曲线的变化规律，即出现两个上涨的波峰后均表现出下降的格局，近几年成本利润率略有所上升，但仍然比较低。究其原因主要是农地经营的成本和粮食出售的价格的波动导致两者这种变化趋势的非一致性。

净利润与成本利润率的变化表明，广大农民从事粮食生产经营并不是每年都能够获得正收益，扣除经营成本后个别年份却出现了净亏损。农民种粮获得收益往往面临着比其他行业经营主体更大的不确定性和风险性。因此，要想增加农地经营的收益，减少这种不确定性对净利润的影响，农民有必要提高农地的生产效率，保证农地经营净利润和成本利润率的相对稳定性。

3.3　我国玉米生产阶段的划分

1978 ~ 2018 年，中国玉米生产水平不断提高。产量、播种面积（以下简称面积）和单位面积产量（以下简称单产）的变化情况如图 3 - 10 所示：

从图 3 - 10 可以看出，1978 ~ 2018 年，中国玉米的产量、面积、单产均呈现波动性上升的变动趋势。2018 年，全国玉米的产量、面积和单产分别由 1978 年的 5594.50 万吨、19961.10 千公顷和 2802.70 千克/公顷增长至 2018 年的 25717.39 万吨、42130.05 千公顷和 6104.29 千克/公顷，年均增长率分别为：3.89% 、1.88% 和 1.97% 。多年来，我国玉米生产在综合生产能力水平不断提升下不断增长，但在增长过程中存在不稳定因素。

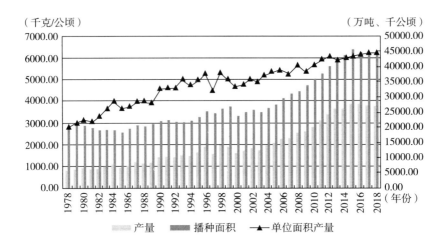

图 3-10　1978～2018 年我国玉米产量、单产和播种面积变化情况

3.3.1　玉米生产波动性上升阶段

在 2004 年以前，玉米生产不断增长，但存在不稳定因素，呈波动性上升趋势。在生产能力水平不够高，农产品市场供需政策性结构调整、农作物疫病和突发性自然灾害等因素的影响下，玉米生产并不十分稳定。其中，自然灾害虽发生频率低但往往产生较大影响，例如，1997 年全国范围内遭遇大旱的自然灾害，加之当年播种面积由 1996 年的 24498.20 千公顷下降至 23775.10 千公顷，使得当年玉米产量下降至 10430.90 万吨，单位面积产量也大幅下降至 4387.00 千克/公顷，产量、面积、单产三者同降，同比降幅 18.2%、3.0%、15.7%，其中产量和单产的降幅为自改革开放以来的最大年度跌幅。2000 年的产量下降也是如此，有关部门统计，当前全国累计受旱面积 4054 万公顷，成灾面积 2678 万公顷，适逢当年玉米种植面积也出现下降，导致产量也大幅减少，由 12808.60 万吨减少至 10600.00 万吨。

3.3.2　玉米生产稳定快速发展阶段

自 2004 年以来，玉米生产取得稳定快速发展。国家通过布局玉米优势产区，推广良种、粮技，发展规模化、机械化生产方式等手段，玉米种植过程中抗自然灾害和突发情况的能力有了很大提升，不但产量波动性有所降低，产量增速也保持在较好的水平，玉米产量稳定较快增长，确保了全国玉米的供给充足。受国民经济发展和人民生活水平的提高，城乡居民膳食结构发生改变，畜牧业和农产品加工业迅速发展，玉米的饲用和工业用需求激增；加之自 2004 年起国家明显加强了对种粮农民的惠农政策支持力度，此后，我国玉米播种面积连续 12 年增长，由 25445.70 千公顷增至 44968.39 千公顷，增长的持续时间超过以往任何时期。面积的增长直接带动了产量的提高，2004 ~ 2015 年，玉米产量由 13028.70 万吨增至 26499.22 万吨，年均增长 6.09%，大幅高于 1978 ~ 2018 年 3.89% 的年均增速。

3.3.3　玉米生产供大于求的阶段

近年来，玉米产业出现了阶段性供大于求的状况，玉米生产相对过剩、库存过高，生产结构亟待调整。自 2004 年以来，除个别年份外，我国玉米连年增产，但农产品市场对玉米的需求增速却不断放缓，打破了玉米供需两端的平衡，我国玉米产业逐渐出现了产能过剩的情况，库存不断攀升。有关资料显示，2015 年我国玉米库存水平已达 2.5 亿吨。2016 年，为使玉米生产符合消费者的需求，化解过剩产能，由农业相关部门牵头开始全面实行农业供给侧结构性改革，在东北冷凉区、北方农牧交错区、西北风沙干旱区、太行山沿线区及西南石漠化区（即"镰刀弯"地区）调减籽粒玉米种植，玉米面积开始有所下降。2016 年玉米播种面积 36768.00 千公顷，比 2015 年下降 1351 千公顷，降幅 3.5%。2017 年是农业供给侧改革的深化之年，我国玉米产业仍走在转型发展和结构调整的道路上，未来玉米生产将会逐步调整到真正符合消费者需求的水平。

　　本章在总括介绍我国粮食作物区域分布及农作物品种种植结构变化情况的基础上，首先对粮食作物中的大田主粮作物即玉米、小麦及水稻的区域分布及作物品种种植结构变化情况作出了介绍，其次对我国玉米适度规模经营的目的以及必要性进行分析，最后对我国玉米规模经营"适度"尺度的选择进行了初步说明。

第4章 吉林省农地适度规模经营的可行性与必要性

4.1 吉林省农地适度规模经营的可行性

在进行农地适度规模经营时，需要依据当地的自然资源状况、社会经济条件、农村劳动力转移情况、农业机械化水平等因素，研究确定适宜本地区农地适度规模经营的标准，防止因片面追求超大规模经营，而脱离实际、违背农民意愿。从颁布的中央一号文件及对农业生产的方针政策可以看出，农地适度规模经营势在必得，吉林省作为农业大省，在进行农地适度规模经营方面，拥有适宜的自然资源，便利的交通运输条件，较低的化肥使用量及具有增长潜力的社会经济状况。

4.1.1 适宜规模经营的自然条件

自然资源是农业生产和发展的重要物质基础，我国传统农业的主要布局也是依靠自然资源决定的。所在区域的气候条件、水资源、农地资源是区域农业生产和发展的主要影响因素。吉林省是世界著名的三大"黄金玉米带"之一，农业发展的优势来自然资源禀赋，吉林省的玉米主产区主要集中在中部的平原地区，农地资源丰富，最肥沃的黑土地带，地势平坦、土壤肥沃、土层深厚，主要生产大豆、玉米、水稻、小麦等粮食作物，人均耕地面积多，是国家重要的粮食生产基地，承担着国家粮食储备和特殊调配等任务，是我国重要的粮食主产区及商品粮生产基地。

在农业生产经营过程中，自然灾害对农业生产经营影响较大，我国各省份每年均受不同程度自然灾害的影响。2016 年东北地区农作物总的播种面积为 22166.96 千公顷，其中，辽宁省 4064.10 千公顷，吉林省 5676.32 千公顷，黑龙江省 12426.54 千公顷；自然灾害损失中，全国农作物受灾面积 26220.7 千公顷，绝收面积 2902.2 千公顷，其中，辽宁省农作物受灾面积 581.9 千公顷，绝收面积 18.7 千公顷，吉林省农作物受灾面积 748.2 千公顷，绝收面积 90.4 千公顷，黑龙江省农作物受灾面积 4223.7 千公顷，绝收面积 264.1 千公顷。2016 年黑龙江省受自然灾害的影响受灾面积与绝收面积相比辽宁省、吉林省较大，辽宁省受自然灾害的影响相对较小。综合来看，自然灾害对东北地区的总体影响相对较小。从受灾面积的情况来看东北地区主要是受旱灾的影响，因旱灾引起的农作物减产情况占到了全部受灾面积的一半以上，因此，东北地区应加强水利资源建设，做好防旱工作。

4.1.2 较低的化肥施用量

吉林省的化肥施用量低于全国平均水平。传统的农业经济在进行农业生产方面，为促进农产出的增加，主要依靠化肥及农药等的投入，随着化肥施用量的不断增加和不合理的施用引发的土壤质量等生态问题日益突出，而土壤质量是实现农业可持续发展的重要前提，化肥的施用量是衡量农业可持续发展的重要指标之一。2018 年吉林省化肥施用折纯量 228.30 万吨，在对 13 个粮食主产区的化肥施用量进行分析发现，吉林省化肥施用量低于全国平均水平，吉林省可持续发展潜力大，适合农业经济的发展。

4.1.3　具有增长潜力的社会经济

2018 年，吉林省城镇居民人均可支配收入为 30170.94 元，比上年增加 6.54%，农村居民人均可支配收入为 13748.17 元，比上年增加 6.16%，吉林省农村居民人均可支配收入增速要稍慢于城镇居民人均可支配收入的增速。虽然吉林省城乡居民可支配收入均在增加，但与其他地区相比，增速相对较慢。2018 年吉林省在全社会固定资产投资中的农林牧副渔全社会固定资产投资增长趋势较好，比上一年度增加了 27.61%。吉林省第一产业增加值占地区生产总值的比重是下降的，其增速略低于全国平均水平，但近年来吉林省的第二产业和第三产业对当地经济的发展起到了很好的促进作用。总体来看，吉林省的经济增长潜力有利于农村剩余劳动力的转移，有利于农地适度规模经营的发展。

4.2　吉林省农地适度规模经营的必要性

目前，全国耕地的确权基本完成，农地流转将带动农地适度规模经营的加速，东北地区作为我国的粮食主产区，据农业部公布的数据，2016 年全国有 35% 的农地发生了流转，与之相伴的是农业经营收入在农民家庭收入的比重已经下降到不足 1/3，2018 年吉林省政府工作报告中指出，吉林省农村农地确权登记试点工作基本完成，农地适度规模经营面积占比提高 5%。农业生产经营者仅依靠原本的小块农地进行生产经营以获取农业经营收益，已经远远无法支撑家庭的正常消费水平，因此，不少人选择外出务工、有亲戚代为生产或通过转租给其他农业生产经营者进行农业生产的现象越来越普遍。无论是国家的方针政策还是东北地区的实际情况都表明，东北地区有必要实施农地适度规模经营。

4.2.1 吉林省在国家粮食主产中的核心地位

农业是安天下稳民心的产业，粮食是关系国计民生的特殊商品。解决好全国人民的吃饭问题，始终是治国安邦的头等大事。确保国家粮食安全、保障重要农产品有效供给，始终是发展现代农业的首要任务。保障国家粮食安全，粮食主产区是主导力量，起着至关重要的作用，贡献巨大，但近年来经济发展和居民收入却陷入困境。对此，早在20世纪90年代初就有人指出，粮食主产区存在产粮多、贡献大、粮食商品价值流失严重、财政拮据、经济落后等"吃亏"问题，使相当多的粮食主产区已陷入了种种矛盾和困难之中。因此，调动粮食主产区政府发展粮食生产的积极性，是当前亟待研究解决的问题。

4.2.2 吉林省粮食生产地位

目前，全国粮食主产区包括黑龙江、吉林、辽宁、内蒙古、河北、河南、山东、江苏、安徽、江西、湖北、湖南、四川13个省份，其中黑龙江、吉林、内蒙古、河南、山东、安徽6个省份为粮食净调出省；粮食主销区包括北京、天津、上海、浙江、福建、广东、海南7个省份；粮食产销平衡区包括山西、宁夏、青海、甘肃、西藏、云南、贵州、重庆、广西、陕西、新疆11个省份。

由表4-1可以看出，自2008年以来，粮食主产区粮食产量占全国粮食总产量的比重一直在75%左右。粮食主销区基本维持在6%左右，在2016年，粮食主销区这一比重更是下降至5.3%。粮食产销平衡区粮食产销平衡区粮食产量占全国粮食总产量的比重相对稳定，稳定在18%左右。横向比较，2016年粮食主产区粮食产量占全国粮食总产量的比重为75.9%，省均粮食产量占比为5.8%，粮食主销区省均粮食产量占比为0.8%，粮食产销平衡区省均粮食产量占比为 1.7%，前者分别是后两者的 7.3 倍和 3.4 倍。在 13 个粮食主产区中，6 个粮食净调出省粮食产量占全国粮食总产量的比重一直处于上升趋势，2016 年达到 43.2%，省均粮食产量占比为 7.2%，比粮食主产区省均粮食产量占比高 1.4%。同时我们可以看到，2008～2016 年，吉林省的粮食产量占粮食净调出区比重维持在 13.4% 左右，是净调出区省均粮食产量占比的近两倍，可见吉林省在国家粮食安全中的重要地位。

表 4-1　不同地区粮食生产所占比重　　　　　　单位:%

年份	粮食主产区粮食产量占全国比重	粮食净调出省粮食产量		吉林省占粮食净调出区比重	粮食主销区占全国比重	粮食产销平衡区占全国比重
		占全国比重	占粮食主产区比重			
2008	75.5	41.4	54.7	13.0	6.3	18.4
2009	75.4	41.6	55.0	11.4	6.2	18.7
2010	75.4	41.8	55.5	12.4	6.1	19.2
2011	76.0	42.4	55.8	13.1	6.0	18.0
2012	75.7	42.5	56.2	13.3	5.8	18.5
2013	76.0	42.9	56.5	13.7	5.5	18.5
2014	75.8	43.3	57.2	13.4	5.5	18.8
2015	76.2	43.7	57.3	13.5	5.3	18.5
2016	75.9	43.2	56.9	14.0	5.3	18.7

资料来源:《中国统计年鉴》(2009～2017)。

4.2.3　省均粮食生产水平

从全国来看，2018 年省均粮食产量为 198.8 × 10⁸ 公斤，吉林省为 371.72 × 10⁸ 公斤，是省均粮食产量的 1.88 倍。其中，粮食主产区省均粮食产量是全国平均水平的 1.8 倍，是粮食产销平衡区省均粮食产量的 3.4 倍，是粮食主销区省均水平的 6.6 倍;在粮食主产区中，6 个粮食净调出省平均粮食产量是全国平均水平的2.2倍，是粮食主产区省均水平的1.2倍。

从变化趋势来看，全国和不同地区省均粮食产量都在不断提高，在粮食主产区中，粮食净调出省平均粮食产量同期增长了5.8倍，年均增长速度为3%，明显高于粮食主产区和全国的年均增长速度，更远高于粮食主销区的年均增长速度。粮食产销平衡区省均粮食产量保持了与粮食主产区基本一致的增长速度。

4.2.4 人均粮食生产水平

2018年，全国人均粮食产量445.5公斤。其中，粮食主产区人均粮食产量是全国人均粮食产量的1.3倍；粮食产销平衡区人均粮食产量是全国人均粮食产量的84%；粮食主销区人均粮食产量是全国人均粮食产量的27.7%。在粮食主产区中，粮食净调出省人均粮食产量是全国人均粮食产量的2.1倍。

由表4-2我们可以得出，如果按照445.5公斤的全国人均粮食产量作为人均消费量计算，2018年，粮食主产区生产的粮食中有24.3%可供应给其他地区消费，而粮食主销区粮食消费量的72.3%则需要从粮食主产区调入，绝对数值缺口为857.7×10^8公斤；粮食产销平衡区粮食消费量的16.1%需要从粮食主产区调入，缺口为221×10^8公斤。在粮食主产区中，6个粮食净调出省粮食生产的52.3%可供应给其他地区消费。在6个粮食净调出省中，从粮食可调出量占本区产量比重来看，对外粮食供应能力由强到弱依次是黑龙江72.1%，吉林67.2%，内蒙古59.6%，河南28.6%，安徽19.2%，山东2.7%。由此我们可以看出吉林省对国家粮食安全做出了巨大的贡献，同时也是国家粮食安全的重要保障。

表 4 - 2 2018 年全国及粮食净调出省人均粮食产量及可调出量

单位：公斤

地区	粮食产量			按全国人均粮食消费 445.5 公斤计算		
	总产量（10^8 公斤）	人均产量（公斤）	为全国人均水平（%）	本区需求量（10^8 公斤）	本区可调出量（10^8 公斤）	可调出量占本区产量（%）
全国	6162.4	445.5	—	—	—	—
粮食主产区	4677.7	589.0	132.2	3539.5	1138.2	24.3
粮食主销区	329.1	123.5	27.7	1186.8	-857.7	-260.6
粮食产销平衡区	1155.7	374.0	84.0	1376.6	-221.0	-19.1
粮食净调出省	2662.1	934.0	209.7	1269.7	1392.5	52.3
吉林	371.7	1360.1	305.3	121.8	249.9	67.2
黑龙江	605.9	1594.5	357.9	169.3	436.6	72.1
内蒙古	278.0	1103.3	247.6	112.3	165.7	59.6
河南	594.7	623.9	140.0	424.7	170	28.6
山东	470.1	472.6	106.1	443.1	27	2.7
安徽	341.7	551.5	123.8	276.0	65.7	19.2

资料来源：《中国统计年鉴》（2019）。

自改革开放以来，东南沿海省份首先抓起了经济建设，把注意力从粮食生产转向了商业领域，大片的土地变成了工厂厂房和开发区。而这时的北方，在抓粮食生产，加大投入、精细管理、改良土壤、培育良种、足施化肥，不断增加粮食产量。从 1979 年开始，吉林省就在榆树、农安、德惠、九台、扶余、怀德、伊通、梨树 8 个县进行商品粮基地试点，到 1984 年国家确定第一批 50 个商品粮基地试点县时，吉林省就有榆树、农安、德惠、九台、怀德、梨树 6 个县成为全国试点县，并于当年获得了大丰收，粮食总产量突破 50 亿公斤。此时吉林省实际上就主动承担了全国粮食生产重担。

到 20 世纪 80 年代中期，全国粮食产量出现了北方超过南方的现象。此后，南方的人均粮食占有量一路下滑。以往"南粮北运"的粮食生产格局已经被"北粮南运"所取代,到2018年,吉林省年销往省外粮食数量已经达到135亿公斤以上。

由表4-3我们可以得出,在全国13个粮食主产区中,2008~2016年,各主产区粮食总产量占全国粮食总产量比重平均值由高至低分别为,河南10.69%,黑龙江10.41%,山东8.49%,江苏6.36%,四川6.27%,安徽6.15%,吉林6.12%,河北6.04%,湖南5.58%,内蒙古4.69%,湖北4.63%,江西3.91,和辽宁3.65%。虽然吉林省在13个粮食主产区中仅排名第7位,但2016年,全国人均粮食产量为447公斤,吉林省为1355公斤,是全国人均粮食产量的3倍,表明吉林省的粮食产量不但可以满足自身需要的同时,还有大量盈余提供给需要的其他省份,是一个十分重要的粮食净流出省份。

表4-3 2008-2016年国家13个粮食主产区粮食产量占全国的比重

单位:%

年份\省份	2008	2009	2010	2011	2012	2013	2014	2015	2016
河北	5.50	5.50	5.63	6.00	6.14	6.36	6.36	6.36	6.54
内蒙古	4.03	3.75	4.08	4.52	4.78	5.24	5.21	5.35	5.26
辽宁	3.52	3.01	3.34	3.85	3.92	4.15	3.32	3.79	3.97
吉林	5.37	4.65	5.38	6.00	6.32	6.72	6.68	6.90	7.03
黑龙江	7.99	8.23	9.48	10.54	10.90	11.36	11.81	11.96	11.46
江苏	6.01	6.11	6.12	6.26	6.38	6.47	6.60	6.74	6.56
安徽	5.72	5.81	5.83	5.93	6.22	6.20	6.46	6.69	6.46
江西	3.70	3.79	3.70	3.88	3.94	4.00	4.05	4.06	4.04
山东	8.06	8.16	8.20	8.37	8.53	8.56	8.69	8.91	8.89
河南	10.15	10.19	10.28	10.48	10.66	10.81	10.92	11.48	11.25
湖北	4.21	4.37	4.38	4.52	4.62	4.73	4.89	5.11	4.83
湖南	5.62	5.49	5.39	5.56	5.69	5.53	5.68	5.68	5.59
四川	5.94	6.04	6.10	6.23	6.27	6.41	6.38	6.51	6.59

资料来源:《中国统计年鉴》(2009~2017)。

吉林省多年来一直是我国的重要商品粮基地，其粮食人均产量、提供商品粮总量、出口粮食总量三项指标多年来一直稳居全国前列，也是全国始终保持粮食输出的四个省份（吉林、黑龙江、内蒙古、江西）之一。也就是说，吉林省一直对全国的粮食供应保持着稳定的贡献率，特别是玉米，数量大、质量高、品种全、价格低，仓储总量占全国库存总量的 1/6，成为了保障全国粮食安全的重镇。

第5章 吉林省农地规模经营现状分析

5.1 吉林省概况

5.1.1 自然地理条件

5.1.1.1 位置与地形

吉林省位于我国东北地区中部，是边疆近海省份，地处我国东北地区，是日本、俄罗斯、朝鲜、韩国、蒙古组成的东北亚腹心地带，地理地位十分重要。吉林省的东部与俄罗斯接壤，东南部隔图们江和鸭绿江与朝鲜相望，南部接辽宁省，北部与黑龙江省毗连，西部与内蒙古自治区相邻，呈西北窄而东南宽的狭长形状。面积在东北三省中位居第二，比黑龙江省小，比辽宁省大。吉林省下辖长春、吉林、四平、通化、白山、辽源、白城、松原8个地级市和1个自治州——延边朝鲜族自治州。

吉林省地势由东南向西北倾斜，呈现出明显的东南高、西北低的特征。东部地貌以山地为主，中部为低山丘陵和台地，西部为平原，东部的长白山地主峰白头山海拔2691米，西部的松嫩平原和河谷洼地区海拔不足120米，东西地势高差悬殊。

东部长白山以张广才岭和龙岗山为西界，包括延边朝鲜族自治州和白山市全部、通化市大部及吉林市东南部，以中山低山为主，山间谷地狭窄，火山与熔岩流地貌分布广泛。北部为延边山地，山脉大多短小而走向复杂，山脉间多为小型的中生代断陷盆地。南部有长白火山、长白熔岩台地和靖字熔岩台地以及龙岗山和老岭两列北东向延伸的山脉。长白山火山与其周围广阔的熔岩台地连成一体，构成了独立的地貌区域单元。长白山地的主要山脉有盘岭、大龙岭、穆棱窝集岭、老松岭、哈尔巴岭、南岗山、甄峰岭、英额岭、张广才岭和虎威岭等，较大的山间盆地有珲春盆地、延吉盆地、和龙盆地、敦化盆地等。

中部低山丘陵区位于大黑山及其以东，张广才岭和龙岗山西麓以西，是一个低山、丘陵和河谷盆地交互分布的较复杂地貌区。包括吉林市大部和通化市、四平市、长春市部分地区。以低山丘陵为主，山间谷地宽阔，低山丘陵海拔多在 400~500 米，相对高度 100~300 米。主要山脉有西老谷岭、吉林哈达岭和大黑山。其中，西老爷岭和吉林哈达岭东北段海拔在 500~1000 米，山势较高，吉林哈达岭南段海拔在 500 米以下，山势低缓，山体宽阔。大黑山纵贯吉林省中部，以海拔 200~500 米的丘陵为主，山体狭窄，是吉林省自然地理区域分异的重要分界线，称大黑山线。

中部台地区是丘陵向平原过渡的地带，位于大黑山西麓向西至弓棚子—王府—长岭—怀德镇—榆树台一线，沿哈大铁路两侧延伸。包括四平市和长春市的大部、松原市的局部，是一个波状起伏的山前冲积、洪积台地。该区东部地区属于大黑山的西侧丘陵地带，西部则进入松辽平原。海拔高度在 200 米左右。地表为黄土状堆积物，厚度 5~20 米，东辽河、第二松花江、拉林河及其支流穿行其间，各河流沿岸平坦宽阔，阶地上则坡地起伏，微地形变化复杂。拉林河与第二松花江之间为榆树台地，第二松花江与东辽河之间为长春台地，东辽河以南为四平台地，面积狭小，向西逐渐过渡为东辽河平原。台地边缘受沟谷切割，地面起伏较大，河间高地大多平缓。

西部平原区位于弓棚子—王府—长岭—怀德镇—榆树台一线以西，至大兴安岭山前，地势平坦。包括长春市和四平市的局部、松原市和白城市的大部。地貌上以沙化和盐渍化的平原为特征，属于松辽平原。松辽分水岭穿越本区，自中部台地区的大黑山主峰起向西北延伸，经过长岭县和通榆县。松辽分水岭以南属于西辽河支流新开河北岸，为沙丘覆盖的冲积平原，沙垄间的洼地常有沼泽化和盐碱化现象，但牧草仍有生长，为放牧地带。松辽分水岭以北为松嫩平原，地势稍有起伏，洮儿河、嫩江、松花江等汇合于本地区，各河沿岸地势低平，有一二级阶地分布，大部分已经开垦为耕地。乾安、长岭、前郭尔罗斯、大安等县市的南部多风沙，沙丘连绵，丘间洼地形成闭流的泡沼，多为盐碱泡，耕地零星分布，也有大片的草原适于放牧。本区西北部为低山丘陵区，在构造上属于大兴安岭皱褶带，海拔在300～350米，地势较高。西南部为面积较大的沙丘、沙垄区海拔180～210米，有多条沙垄平行排列，呈带状分布。中心部分为广阔的冲积、湖积平原，可分为长岭波状高平原、洮儿河冲积扇微起伏平原、霍林河—洮儿河冲积扇波状平原、中部微起伏平原以及北部湿地泡沼平原等小地貌单元。平原内主要分布着各类草甸土、冲积土、沼泽土、风沙土和盐碱土。

5.1.1.2 吉林省的气候特征

吉林省位于欧亚大陆东部的中纬度地区，属于中温带大陆性季风气候，四季分明，雨热同季。春季干燥风大，夏季高温多雨时间短暂，秋季天高气爽有大风，冬天寒冷漫长，常有寒潮入侵，天气多变。全省年平均气温大部分为2℃～6℃，年极端最高气温40.6℃，年极端最低气温－45℃。从东南向西北由湿润气候过渡到半湿润气候再到半干旱气候。全省气温、降水、温度、风向以及气象灾害等都有明显的季节变化和地域差异。吉林省冬季寒冷，平均气道在－11℃以下，夏季温暖，西部平原和中部低山丘陵与台地平均气温在23℃

以上，长白山地在 18℃以上。

吉林省虽然没有海岸线，但最东端隔俄罗斯远东最南部与日本海相望，距海最近处不足 10 千米。延边地区就有明显的海洋气候特点，温润多雨。吉林省的无霜期比较长，中西部为 160 天左右，东部山区为 120 天左右，高寒山区少于 3 个月，长白山天池附近最短，只有 60 天左右。在正常年份，吉林省的光、热、水等条件可以满足作物生长需要。

吉林省年降水量一般在 550～910 毫米，但季节和区域差异较大，长白山气候湿润，全年降水量达 1000 毫米，而山上降雨最多，降水量比山下多一倍。全年降水量的 80% 集中在夏季，以东部降水量最为丰沛。吉林省的严冬来得早。降雪期长达 7 个月之久，一般从 10 月至第二年 4 月，冬季积雪深厚，平均厚度达 20 厘米，尤其是山地，积雪厚度可达 40～50 厘米，到处银装素裹与茫茫林海一起构成一派林海雪原之北国风光。在吉林，由于受特殊地理环境影响，冬季雾凇出现的次数不仅多，而且持续时间长、厚度大，最盛时一个冬季有 60 多天。

5.1.1.3　水资源分布状况

吉林省多年平均水资源总量为 404.25 亿立方米，其中多年平均地表水资源量 356.57 亿立方米，多年平均地下水资源量 1318 亿立方米，地下水可开采量 56.56 亿立方米。全省人均水资源量 1520 立方米，是北方缺水省份。在空间差异上，整体呈现出"东多西少"的空间格局。水资源地区分布不均匀，从总量上看，东部的地表水资源大于西部，东部水资源多为地表水；西部地表水贫乏，而以地下水为多。以大黑山为界，东部为足水区，西部为缺水区。

吉林省共有大小河流 1000 余条，河长在 100 米以上的有 38 条，30 千米以上的有 221 条，10 千米以上的有近 1000 条，分属松花江、辽河、鸭绿江、图们江和绥芬河 5 大水系。其中经松花江水系以涵盖河流多、流域面积大、河流长而在大众多水系中占有重要位置。从空间分布上看，吉林省境内河流分布不均，东南部长白山区河流众多，水量丰富，常年有水。西部平原区除发源于大兴安岭的跳儿河之外，乾安、通榆、长岭、前郭尔罗斯等县河流甚少或者没有河流。

吉林省河流以大黑山为界，东西两部分河流特征截然不同。东部山区水网密集，以长白山火山锥为源头，第二松花江、图们江、鸭绿江呈放射状流向东、北、西三个方向，河流水量大，水能资源丰富，泥沙含量少。西部河流多源于省外的大兴安岭地区，中下游多为丘陵、平原及沙丘，水资源损失大，从上游到下游水资源逐渐减少，季节性流量变化大，旱季多断流，以渗漏的方式补给地下水，对生态环境影响大。

5.1.2 社会经济条件

2019 年吉林省实现地区生产总值 11726.82 亿元，按可比价格计算，比上年增长 3.0%。其中，第一产业增加值 1287.32 亿元，增长 2.5%；第二产业增加值 4134.82 亿元，增长 2.6%；第三产业增加值 6304.68 亿元，增长 3.3%。第一产业增加值占地区生产总值的比重为 11.0%，第二产业增加值比重为 35.2%，第三产业增加值比重为 53.8%。

年末全省常住人口为 2690.73 万人，比上年末净减少 13.33 万人，其中，城镇常住人口 1567.93 万人，占总人口比重（常住人口城镇化率）为 58.27%（见表 5-1），比上年末提高 0.74%。户籍人口城镇化率为 49.19%。全年出生人口 16.32 万人，出生率为 6.05‰；死亡人口 18.62 万人，死亡率为 6.90‰；自然增长率为 -0.85‰。人口性别比为 101.14（以女性为 100）。全年全省城镇新增就业 37.56 万人。年末城镇登记失业率为 3.11%。

全年全省居民消费价格比上年上涨 3.0%（见表 5-2）。农业生产资料价格上涨 8.3%。农产品生产者价格上涨 8.7%。工业生产者出厂价格下降 1.1%。工业生产者购进价格下降 0.8%。固定资产投资价格上涨 2.6%。

表 5 – 1　2019 年末全省人口数及其构成

指标	年末数（万人）	比重（%）
全省总人口	2690.73	100.00
其中：城镇	1567.93	58.27
乡村	1122.80	41.73
其中：男性	1352.99	50.28
女性	1337.74	49.72
其中：0～15 岁（含不满 16 周岁）	348.14	12.94
16～59 岁（含不满 60 周岁）	1791.48	66.58
60 周岁及以上	551.11	20.48
其中：65 周岁及以上	374.83	13.93

资料来源：吉林统计局。

表 5 – 2　2019 年全省居民消费价格指数（上年 = 100）

指标	全省	全省城市	全省农村
居民消费价格	103.0	102.8	103.4
食品烟酒	107.5	107.3	107.9
其中：粮食	100.4	101.4	99.1
衣着	102.1	102.1	102.2
居住	102.3	102.1	102.8
生活用品及服务	101.5	101.4	101.7
交通和通信	96.6	96.2	97.6
教育文化和娱乐	102.1	102.1	102.0
医疗保健	101.7	101.4	102.1
其他用品和服务	103.6	103.6	103.6

5.1.3　农业

全年全省实现农林牧渔业增加值 1333.42 亿元，比上年增长 2.5%。全年粮食种植面积 564.50 万公顷，比上年增加 4.50 万公顷。其中，稻谷 84.04 万公顷，增加 0.07 万公顷；玉米种植面积 421.96 万公顷，减少 1.19 万公顷；豆类种植面积 40.38 万公顷，增加 6.03 万公顷。油料种植面积 25.74 万公顷，减少 2.34 万公顷。

全年粮食总产量 3878.00 万吨，比上年增产 6.7%，净增量居全国第 1 位，占全国总增量的 41.26%。其中，玉米产量 3045.30 万吨，增产 8.8%，单产 7217.02 公斤/公顷，增长 9.1%；水稻产量 657.17 万吨，增产 1.7%，单产 7819.82 公斤/公顷，增长 1.6%。

全年全省猪牛羊禽肉类总产量 241.81 万吨。其中，猪肉产量 108.28 万吨，比上年下降 14.7%；牛肉产量 41.86 万吨，增长 3.0%；羊肉产量 4.73 万吨，增长 2.5%；禽肉产量 86.94 万吨，增长 9.5%。禽蛋产量 121.53 万吨，增长 3.8%。生牛奶产量 39.90 万吨，增长 2.8%。年末生猪存栏 792.83 万头，下降 8.9%；全年生猪出栏 1361.06 万头，下降 13.3%。

年末全省农机总动力达到 3650.19 万千瓦，比上年末增长 5.4%。拥有大中型拖拉机 34.10 万台，增长 7.9%；节水灌溉机械 4.73 万套，下降 1.2%。

5.1.4 工业和建筑业

全年全省全部工业增加值 3347.82 亿元，比上年增长 3.1%。规模以上工业增加值增长 3.1%。在规模以上工业中，分经济类型看，国有及国有控股企业增长 6.0%，集体企业增长 8.0%，外商及港澳台商投资企业增长 0.3%。分门类来看，采矿业下降 2.6%，制造业增长 3.1%，电力、热力、燃气及水的生产和供应业增长 8.9%。

全年规模以上工业中，重点产业增加值比上年增长 3.7%，六大高耗能行业增加值增长 5.7%，高技术制造业增加值下降 1.9%，装备制造业增加值增长 1.9%。全年全省规模以上工业企业利润比上年下降 8.3%。分门类来看，采矿业亏损有所增加，制造业下降 8.6%，电力、热力、燃气及水生产和供应业扭亏为盈。重点产业利润下降 6.2%。高技术制造业利润增长 9.1%，装备制造业利润下降 11.6%。

5.1.5　居民收入消费和社会保障

全年全省城镇常住居民人均可支配收入为 32299 元，比上年增长 7.1%；城镇常住居民人均消费支出为 23394 元，增长 4.5%。农村常住居民人均可支配收入为 14936 元，增长 8.6%；农村常住居民人均消费支出为 11457 元，增长 5.8%。城镇恩格尔系数为 23.4%，农村恩格尔系数为 28.1%。

年末全省城乡居民基本养老保险覆盖总人数 702.06 万人，比上年末增长 2.6%。全省城镇职工基本养老保险覆盖总人数 882.11 万人，增长 2.3%。其中，在职参保 506.19 万人，增长 0.1%。失业保险参加人数 273.63 万人，增长 1.6%。工伤保险参保人数 445.55 万人，增长 0.9%。

全年全省共筹集中省级城乡低保、特困供养和临时救助补助资金 50.95 亿元。城乡低保保障标准达到月人均 526 元和年人均 4049 元，分别比上年增长 3.5% 和 4.6%，有效保障了全省 95.9 万城乡低保对象的基本生活。全省共保障特困人员 8.43 万人，其中，农村特困人员 7.69 万人，城市特困人员 0.74 万人。全年共筹集医疗救助资金 5.93 亿元，资助救助城乡困难群众 221 万人次，其中直接救助 68 万人次。全年全省下拨救灾资金 1.20 亿元，妥善保障了 35.79 万人次受灾困难群众的基本生活。

5.2 吉林省土地流转现状

5.2.1 吉林省农户土地流转现状

与全国相比，吉林省农村土地流转发展得相对较晚，起始于 20 世纪 90 年代中期，且一直以来的特点就是流转面积小、流转范围窄、流转数量少。土地流转缺乏政府引导和组织，一般是在农户之间自发地进行流转，而且农户自发的土地流转不规范，约有 50% 的农户在土地流转的过程中不会签订合同，仅以口头方式进行约定，另外，吉林省农户土地流转的期限相对较短，大多都是五年以下，以上所描述的现象说明吉林省农户土地流转尚未发展成熟，农地流转机制尚未建立健全。总体来说，吉林省农地流转规模正逐年增加，发展趋势良好，但就全国范围来看，吉林省农地流转水平还处于中下游阶段。

5.2.1.1 吉林省农户土地流转历史进程

第一阶段：20 世纪 90 年代中期到 2002 年的起步阶段。

20 世纪 80 年代中后期，我国开始刮起了农地流转的春风，国家在政策上开始允许土地承包经营权的流转。1988 年 4 月 12 日的《宪法修正案》，其中第二条规定"土地的使用权可以依照法律的规定转让"。1995 年 3 月 11 日国务院在《关于做好 1995 年农业和农村工作的意见》中提出"要逐步完善土地使用权的流转制度"。吉林省农地流转的发展起始于第二轮土地承包工作完成之后，与全国比起来，其发展起步相对较晚，在这一阶段，随着土地流转的合法化和适度放宽的政策，吉林省土地流转工作也开始实施。但这一阶段，无论是政策环境还是农民意识都没有很大的改善，这是吉林省农地流转的起步阶段，也可以说是萌芽阶段，流转的规模还不是很大。

第二阶段：2002～2005 年的推进阶段。

2003 年 3 月 1 日《农村土地承包法》通过专章规定了土地承包经营权的流转，在立法上确定了土地流转的方式和原则，标志着土地承包经营权流转制度的正式确立。这一条文的确定，从法律上肯定了农地经营权的流转，大大提高了农民对土地流转的积极性，对吉林省农地流转起到了大力的推进作用，吉林省土地流转数量也呈逐年上升的趋势。

第三阶段：2005～2007 年的回落阶段。

2004 年吉林省被定为"全国农业税免征试点"，吉林省的土地流转在税费改革前后差别很大。改革前的土地流转呈逐年上升的趋势，农业税免征以及出台了一系列的支农惠农政策后，土地的使用价值回升，土地流转价格上升，伴随着大量的农村劳动力回流，2005 年之后土地流转数量明显下降，2006 年下降到 32.7 万公顷，降低了 19%，特别是 2007 年达到税改后的最低点，全年流转土地面积仅为 25.5 万公顷。

第四阶段：2007 年以来的加速阶段。

自 2007 年以来，吉林省工业化城镇化进程加快，经济发展迅速。2007 年 10 月 1 日实施的《物权法》和 2008 年 10 月 12 日中共十七届三中全会《中共中央关于推进农村改革发展若干重大问题的决定》等一系列法律政策的出台，大大丰富了土地流转的方式，随着农业的集约化和规模化的发展，也使土地作为市场要素流动起来，加快了土地流转的发展速度。此后，土地流转总量每年都在持续增长，但是与吉林省耕地总面积相比，流转面积的比例是明显偏低的。

5.2.1.2　吉林省农户土地流转的区域分析

吉林省地形地貌复杂多变，地势由东南向西北倾斜，东部有高山丘陵，中西部是肥沃的平原，地貌形态差异明显，这也决定了吉林省各个地区土地流转情况差异明显。此外，农地流转的规模和各地区经济发展的程度具有一定相关关系，而吉林省经济发展区域差异显著，因此，吉林省农地市场也有显著的区域性差异。

（1）流转规模的地区差异。

中西部地区土地的流转规模明显高于东部地区。较高的地区如四平市，2013年累计流转90310公顷，占全市耕地总面积的11.8%，占吉林省当年农地流转总量的11.2%，通化市2013年流转耕地面积达到29427.3公顷，占耕地总面积的比重高达10.5%。较低的地区如辽源市同期农地流转比例仅为4.4%。

（2）农地流转方式的地区差异。

就基本流转方式而言，中部和西部地区转包方式流转比重明显高于东部地区，例如，2018年四平市和长春市转包面积为81696公顷和60262公顷，分别占全市土地流转总面积的90.5%和84.8%，而辽源市和延边市转包面积仅占全市土地流转面积的61.1%和40.9%；而东部地区互换方式流转比重又高于其他两个地区，例如，辽源市和通化市土地互换面积占土地流转总面积的4.94%和3.5%，而长春市和四平市仅为0.7%和2.1%。

（3）农地规模化经营水平的地区差异。

就农地规模化经营水平来说，东部地区不如西部地区，而中部地区又强于西部地区。例如，2018年吉林市土地规模经营面积26207公顷，占耕地总面积的4.2%；白城市规模化经营土地面积为20796公顷，占耕地总面积的2.9%；辽源市则为2578公顷，占耕地总面积的1.2%。

5.1.2.3 吉林省农户土地流转形式

吉林省农村经济快速发展，促进了农村土地流转的发展，推进农村土地流转的方式向着多样化发展，从以往的单一形式发展成了以转包为主、多种形式并存的方式进行，目前主要有以下五种形式：

（1）土地转包。

转包是农地经营权在农户之间进行租赁。即农户把自己的土地经营权有偿地转给第三方，第三方履行一定的权利义务，同时农户也要相应地履行自己对第三方的权利和义务。转包只是把土地经营权在农户之间进行流转，而土地的所有权没有变更。

（2）土地转让。

土地经营权的承包方，将手中未到期的土地经过发包方的许可后，可以通过一定的条件或者以某种方式将土地经营权转让给第三方，并对原有的土地承包合同与发包方做出变更手续，原承包方则失去了自己对该土地的经营权，而新的承包合同由第三方与发包方重新签订，由发包方和第三方互相履行各自的权利和义务。

（3）土地租赁。

土地租赁是指土地经营权的承包方，将承包土地的经营权有偿且以一定的方式出租给除了本集体经济组织以外的农户，该第三方支付土地租金后拥有土地的使用权而不是土地的所有权，该土地所有权仍属于承包方所有。

（4）土地入股。

土地入股是指农户本着自愿的原则，将手中的土地承包经营权作价后投资入股于某一经济组织后，按所投入股份的多少对收益进行分红。吉林省采用此种方式较多的是白山地区和延边地区。

（5）土地互换。

土地互换是指本集体经济组织内部成员，由于分得的土地分布零散不便于耕种，为了方便耕作或者出于其他考虑，将自己的土地与该组织内部其他成员的土地经营权进行互换耕作。目前，采用这种方式进行流转的不多。

吉林省农地流转形式逐渐多样化，但就目前情况来看，吉林省农村土地经营权的流转形式还是以转包为主，其他流转形式仅占有较低的比例。

5.2.2　新型农业经营主体发展现状

近年来，吉林省经济社会的发展取得了优异的成绩，同时也带动了新型农业经营主体的发展，各类新型农业经营主体在各地区形成了一定的规模，在很大程度上对农业经济的发展起到了带动作用。截止到 2017 年末，吉林省专业大户、家庭农场、农民专业合作社和农业产业化省级以上重点龙头企业分别发展到 28162 个、21558 个、55861 个和 521 户，共计 106102 个。

5.2.2.1　专业大户发展良好

目前，由于配套设施还不健全，对于专业大户的认定标准和界定范围从中央到地方都还不统一，但借鉴其他地区出台的区域性认定标准一般定为：种植大户的基础面积必须超过 100 亩；养殖大户的肉牛年出栏量超过 100 头、奶牛出栏量超过 200 头、羊或猪年出栏量超过 200 只/头、蛋鸡存栏量超过 5000 只、肉鸡年出栏量不得少于 10000 只；购销大户年销售金额不得低于 50 万元。截止到 2017 年末，吉林省专业大户数量为 28162 个，辽宁省专业大户数量为 34583 个，黑龙江省专业大户数量为 14000 个，吉林省专业大户数量高于黑龙江省低于辽宁省，处于三省中等水平。吉林省专业大户是从相对较大规模的种养农户发展起来的，在数量上占有优势，并且发展的速度十分快，而且在培育的过程中不断发展成长。从运营模式的角度上来说，专业大户与家庭农场相似，因此，有一部分的专业大户开始向家庭农场趋近，现已成为吉林省现代农业发展的重要主体之一。

5.2.2.2　家庭农场不断涌现

（1）家庭农场数量增多。

伴随着吉林省经济的快速发展，城镇化进程和土地流转速度加快，吉林省农业经济较发达地区的家庭农场发展取得较好成绩。截止到 2017 年底，吉林省家庭农场总量达 21560 个，其中，种植业家庭农场 19243 个，畜牧业家庭农场 1376 个，种养结合家庭农场 748 个，其他 193 个。吉林省家庭农场拥有着较高的机械化水平，相关资料显示，到 2015 年底，吉林省家庭农场拥有 52288台（套）农业机械，其中的大型农机具 22655 台。吉林省家庭农场经营性耕地总面积 421 万亩，规模分类较多，分别为：占地面积 50～200 亩的家庭农场6338 个、占地面积 201～500 亩的家庭农场 4305 个、占地面积 501～1000 亩的家庭农场 2468 个、占地面积 1001 亩以上 387 个、占地面积 50～500 亩的家庭农场占 79%。

2013 年中央一号文件提出要大力扶持发展家庭农场这一新型农业经营主体，并提出了以浙江宁波、上海松江、湖北武汉、吉林延边、安徽郎溪为代表的五种家庭农场的发展模式。吉林省延边州家庭农场作为五种模式之一，从2008 年开始在全州范围内研究家庭农场发展模式，经过几年试点与发展，延边地区家庭农场数量不断攀升，发展势头良好。延边州家庭农场发展速度迅猛，2011 年共发展了 199 家，其中有 194 家获利，净收入高达 1.1 亿元，相当于一个家庭农场就获利 55 万元之多。2012 年，整个州共有家庭农场 451 家，其中有 448 家获利，净收入为 2.1 亿元，相当于一个家庭农场获利 46 万元之多。到 2013 年底，延边州家庭农场在有关部门共登记注册有 802 家，其中属于种植类的农场 648 家、属于养殖类的农场 13 家、属于相结合类的农场 52家、属于其他类型的 89 家，农场共贷款 1.6 亿元，总共有 54471 户流转土地农民，超过整个州农户总量的 20%，总共有 77913 公顷流转土地，也超过整个州土地面积的 20%。2014 年，整个州 886 家农场中有 867 家获得了利润，实现净收入 3 亿元，相当于一个农场就获利 33 万元之多。2011～2015 年，家庭农场数量增长了 12 倍，经过这几年的发展和培育，延边家庭农场从无到有且发展迅速，数量和质量也不断提高，取得了显著成效。

（2）家庭农场组织形式多样。

目前吉林省家庭农场组织形式多种多样，主要包括以下几种：个体工商型、个人独资型、合伙型、公司型以及其他法人型，家庭农场的组织形式呈多样化发展。吉林省各市县工商部门数据统计显示，截止到 2015 年，四平市家庭农场 1023 户中，高达 80% 的组织类型为个体工商户，共有 865 户，个人独资型占总类型组织的 20%，数量为 158 户。龙井市登记注册的家庭农场共有124 户，其类型分别为特色产业带动型、特色技艺展示型、农场庄园型、景区依托型，其中个体工商型有 8 户，个人独资型 98 户，合伙型 18 户，注册资本分别为 7302 万元、300.9 万元，1001.3 万元。

5.2.2.3　农民专业合作社快速发展

（1）合作社数量变化。

吉林省农民专业合作社发展步入快车道，取得了较好成绩，已从 2007 年的 96 个发展到 2015 年的 62733 个，增长了 650 多倍，2015 年吉林省工商登记注册农民合作社数量比 2014 年增加 10668 个，增加率为 20.49%，其中国家示范社数量 143 个，省级 171 个，比全国平均水平都要高。吉林省农民专业合作社有不同的种类，从其内部结构来看，分为种植类、养殖类、林业类、销售流通类以及服务类这五种类型，截止到 2015 年这五种类型所占比重分别为：57.05%、17.62%、8.46%、7.76% 和 9.87%；从其服务内容来看，产加销一体化服务 28888 个、生产服务 17668 个。全省合作社拥有注册商标 1939 个，农产品通过质量认证的有 623 种。合作社统一购买农产品共用 25.5 亿元，统一组织销售农产品总金额为 62.7 亿元，入社农户收入远远高于其他普通农户收入。

（2）合作社绩效现状。

2007～2015 年，吉林省农民专业合作社发展范围越来越广，从中获益的农民也越来越多，发动入社农户人数有了大幅度提升，从 2007 年的 7 万户增长到 2015 年的 240 万户，增长了 233 万户。涉及农民数量从 2007 年的 1.4 万户增长到 2015 年的 78.2 万户。同时，带动农民增收的效能连年攀升，从收入角度上看也呈稳步增长趋势，2007 年人均增收 530 元，2015 年人均增收 2200 元。充分证明农民专业合作社使农民收入稳步增加，促进吉林省农业发展，现已占据吉林省农业微观生产经营组织的主体地位。

吉林省 2015 年农民专业合作社数量为 62733 户，平均每个合作社带动农户数为 12.88 户；辽宁省农民专业合作社数量为 48650 个，平均每个合作社带动农户数为 15.54 户；黑龙江省农民专业合作社数量为 75650 个，平均每个合作社带动农户数为 12.33 户，吉林省农民专业合作社数量和每个合作社带动农户数均处于东北三省中等水平。

5.2.2.4　农业龙头企业稳步发展

2015 年，整个经济都处于低迷状态，这给农业带来了不利影响，包括农产品市场价格过低等，在这样的情形下，通过制定相关政策和加强市场的监督指导，农产品加工业稳中求进，实现较快增长，农产品加工业销售额达到 4835 亿元，比上年上涨 7.2%，保持平稳发展态势。

（1）总量规模不断扩大。

2015 年末，培育国家级龙头企业 47 户，省级农业龙头企业超过 500 户，呈整体上升趋势。省级重点龙头企业销售额突破 2700 亿元。销售额高出 100 亿元的有 4 户，高出 30 亿元的有 6 户，超亿元的有 229 户。加工业的快速成长，向农业领域输入了科技、市场等现代条件，推动全省农业格局化、规范化发展。

（2）区域产业格局初步形成。

农产品加工业通过产加销一体化经营，形成了多方面发展的大格局，成为了农产品生产供应的主要动力。2015 年底，省级农业龙头企业从事玉米、水稻、大豆等粮食生产加工的有 237 户，销售收入 1270 亿元；从事肉、蛋、奶等畜禽生产加工的 95 户，销售收入 550 亿元；从事果蔬、食用菌、人参、中药材等特产品生产加工的 129 户，销售收入 870 亿元。

（3）辐射带动功能日益增强。

农业龙头企业与合作社通过利益联结机制紧密地和基地农户连接起来，在某些领域发挥了积极健康的作用，推动了现代农业又好又快发展，使农户达到真正增收的目的。2015年省级农业龙头企业辐射带领种植类用地4000万亩。畜禽养殖量超过3亿头（只），带领210万户农民参与到一体化经营之中，带领农民增收供给70亿元，使农村剩余劳动力问题得以有效缓解。

（4）科技创新水平不断提高。

2015年，超过500户省级农业龙头企业投入20多亿元到科技研发资金当中，科技人员共有2.4万人，其中技术研发人员共0.7万人，技术推广人员1.7万人。建有省级以上的科研机构的农业龙头企业超过200家。

（5）品牌建设扎实推进。

据统计，超过200户的农产品加工企业荣获省级以上著名商标称号，积极使用"三品一标"的产品有1094个，环境监测面积达到4970万亩，产量也相当高，达到2937万吨，企业总产值超过800亿元，创建了吉林黄玉米、延边黄牛、东北黑猪、绿色大米以及中药材等知名地方品牌，皓月、敖东、华正等企业享誉国内外。

5.3 吉林省农地适度规模经营中存在的问题

5.3.1 土地经营细碎化较为严重

2018年，吉林省农村居民家庭经营耕地面积约为8亩，农户土地经营面积小，且地块分布较为分散，大规模集中连片经营的农户较少，土地经营细碎化严重。土地经营规模的细碎化在很大程度上也决定了农户的耕作方式，部分耕地地块位置偏僻，农业机械很难进入，只能依靠传统的人力劳动去耕种，严重地阻碍了土地适度规模经营及农业机械化种植。

5.3.2　农户对土地经营外部性认识不足

在本书的实际调研中发现，无论是经营规模较小的农户还是经营规模较大的农户，对农药、化肥、地膜等生产资料的使用大多都依据自己的种植经验，缺乏科学性的指导，对于农业生产资料使用带来外部性的认识不足。以绿色种植技术为例，从农户对"您是否了解绿色农业技术？"这一问题的回答来看，53%的农户表示自己完全不了解或不了解，38%的农户表示一般了解，只有9%的农户表示比较了解，十分不了解。这说明绝大多数农户在农业生产中对土地经营的外部性问题关注得较少。

5.3.3　新型农业经营主体社会化服务水平低

吉林省近年来培育了一批新型农业经营主体，比如，农业龙头企业、家庭农场、专业合作社、种粮大户等，但主要还是以种植或养殖业为主，以粮食生产为主导的专业合作社、种植大户、农场等很多还处于探索发展阶段，自身管理上存在诸多漏洞，不能有效地进行生产经营活动。而且在农业生产资料供给、农业生产技术指导及农产品销售渠道等方面也没有表现出真正的带动或服务作用，以至于农户加入的积极性也不高，甚至个别农户对新型农业经营主体存在误解。

5.3.4　农户对土地经营权流转认识不到位

首先，农户对土地产权没有明晰的认识。调查过程中发现部分农户认为土地是自己的"私有财产"，对土地所有权、承包权、经营权等权利主体认识模糊。其次，农户对土地经营权流转缺乏充分的了解和认知。在接受调查的农户中仅7%的农户表示对土地"三权分置"非常了解，30%的农户对此表示有点了解，大多数农户对此并不了解。说明农户对"三权分置"制度下的土地经营权流转的认知并不明确，这对于土地流转、实现适度规模经营是不利的。最后，在土地流转过程中存在很多不规范的行为。比如，当地的土地流转多数属于农户私下进行流转，很多都是达成口头协议，签书面合同的情况很少，在签订的土地流转承包合同里对双方的权责、利益及土地用途等方面内容规定不到位，很容易造成土地纠纷事件。

5.3.5　农业基础设施建设有待加强

吉林省农业基础设施建设薄弱，尤其是灌溉条件，虽然在省水利部门的努力下，全省19座大型水库总蓄水量为143.04亿立方米，但受气候因素影响，白城、松原等西部地区水资源短缺形势依然比较严峻，土壤缺墒明显，全省旱田耕地缺墒面积约为1100万亩。对于土地适度规模经营的实现来说，这无疑又是一大亟待解决的难题。另外，对于村内及村间道路的规划也缺乏科学性，尤其是田间道、生产路的修建有待加强。

第6章 吉林省农地适度规模经营判定遵循的价值导向

农业是国民经济的基础，吉林省种植业布局结构性矛盾日益突出，对农业经济健康发展产生了严重影响。加强农业种植结构的调整可以促进全国农业生产模式的创新，而且也是现代农业转型发展过程中的一个必然要求。

吉林省种植业结构改革的过程不仅要符合当地的实际情况，对各种自然资源进行充分利用，还要符合市场发展需求，对农业生产水平和生产质量进行提升。随着现代农业理念的不断发展，农业生产过程中要紧跟政策方针，对种植结构进行调整，在调整过程中也不能盲目，必须要结合当地的自然环境、地理条件，促进农业可持续发展，提高当地百姓的收入水平，彻底改善其生活质量，还要完成一个农业大省的历史使命，保障国家的粮食安全。随着人民生活质量的不断提高，人们的膳食结构不断改善，食品加工业也不断发展，对优质粮食产品的需求越来越大，传统的生产模式已经不能满足人们的需求，因此加强对产业结构的调整，促进农作物生产走优质化、健康化、规模化、产业化之路，本章提出吉林省种植业结构调整的5大价值导向。

6.1 市场需求导向

市场价值导向即是农户在进行结构调整中，其生产出来的最终产品能否得到市场的认可，或者可以理解为最终产品是否能够给他们创造收益。在市场经济的大环境下，种植业结构调整在某种意义上是改变了市场的供需关系。吉林省种植业结构调整应以市场供求对价格的决定作用为前提，尊重市场机制，时刻注意市场的变化，分析市场的动向，根据市场的需求来确定调整的方向、规模及内容。尽量避免使用价格管制及打压市场价格的举措造成农产品增收、农业增效的双重挤压。以市场为导向，不仅要以国内市场为导向，还要以国际市场为导向。

农户对未来市场预期直接决定吉林省的种植结构。这是农户与未来市场之间的一场博弈，在市场经济的条件下，市场对农户种植行为的影响主要体现在：一是市场供求关系影响。例如，当粮食供大于求时，就会出现"卖难"问题，导致农民收入增长缓慢，甚至出现负增长，1990～1992 年的农产品"卖难"就是典型的农产品全面"过剩"造成的。二是进口粮食的冲击使得国内市场粮食竞争力低下，这就要求农业种植业结构改革和市场供求变化要同步进行。由于绝大多数农户对市场行情不了解，掌握不了市场的变化规律以及缺乏较稳定的营销渠道，从而会制约市场对农业结构调整的引导作用，可通过农业科技示范区和农村致富能手等为核心的示范和辐射作用带动农业结构调整，在尊重农民经营自主权的基础上，通过政策激励、资金扶持、宣传表彰等措施，鼓励广大农户主动学技术、跑市场、寻信息，变"要我调"为"我要调"，从而破解农业结构调整动力不足、运行机制不完善等问题。

在吉林省种植业结构改革中如果不坚持市场价值导向，这样的结构改革必然是背离供求关系的，还会使吉林省农业发展受阻。种植业结构改革必须遵照市场导向，发挥市场机制的作用，将农业资源配置建立在市场供求关系基础之上，提高产品的市场竞争力。

6.2　国家粮食安全的价值导向

我国的粮食安全问题始终是我国政府部门和国内外学者关注的热点问题。特别是 1994 年莱斯特·布朗《谁来养活中国?》一书的发表，引发了世界范围内关于中国粮食安全问题的大讨论，国内学者通过对我国粮食安全评估与分析，普遍认为我国完全有能力解决自己的粮食安全问题。但是必须看到，我国粮食安全的基础并不牢固，特别是随着工业化、城市化的发展，人口增长和生活水平的提高，粮食消费需求将呈刚性增长，而耕地非农化加速、水资源短缺、农业基础设施建设滞后等对粮食增产的约束将日益突出，保障国家粮食安全面临较为严峻的挑战。现阶段玉米等主要农产品积压过剩，完全属于暂时性、结构性过剩。从长期看，我国仍面临着粮食供给不足问题。

当前，我国粮食生产重心逐渐向松辽平原、黄淮海平原等北方粮食主产区推移，呈现出"北进中移"之势，这种变化进一步突出了吉林省在国家粮食安全战略中的地位。吉林省作为我国重要的粮食主产区，年均粮食产量 3600 万吨以上，占全国的 6% 左右，粮食商品率高达 75% 以上，是我国具有重要战略意义的商品粮基地。吉林省是我国 13 个粮食主产区之一，土地后备资源充足，拥有进行粮食生产的优良资源，盛产玉米、水稻、大豆和杂粮等优质农产品，是我国重要的商品粮基地，长期以来为保障国家粮食安全，维持社会稳定做出了突出贡献。

吉林省作为保证国家粮食的核心产区，必须要稳定粮食生产，不断提高粮食的综合生产能力。同时，根据市场需求和国家粮食安全要求，优化粮食作物内部结构，提高优质粮比例，提高粮食利用效率和转化效率。吉林省在其种植业结构调整过程中必然存在着巨大的阻力，而且可能表现得更加严重，由于吉林省是全国商品粮基地，是我国的大粮仓。不仅要满足自己粮食需求，而且还必须保证国家粮食安全，因此在进行吉林省种植业结构改革时一定要以保障国家粮食安全为导向。

6.3　增加农民收入的价值导向

近年来，吉林省城乡居民家庭人均纯收入有了很大提高，1978 年时吉林省农村居民收入和城镇居民家庭人均纯收入之间几乎并没有什么差距，但随着城市经济的不断发展，特别是 1995 年后，吉林省城乡居民收入均呈现加快上升的趋势，但农村居民收入增长速度要明显低于城镇居民收入的增长速度。到 2000 年，吉林省城镇居民人均可支配收入从 1995 年的 3174.84 元增长到 4810 元，增长了 0.52 倍，农村居民人均纯收入从 1995 年的 1609.61 元增长到 2022.5 元（见图 6－1），增长了 0.26 倍，这段时间城乡居民收入比维持在 3.4 上下浮动；2000 年之后吉林省城乡居民收入差距开始快速拉大；2000～2008 年，城乡居民收入比最高为 2.77，城乡居民收入差距在不断扩大；自 2008 年之后，国家在吉林省推行了玉米临储收购政策，玉米价格逐年上升，致使吉林省城乡居民收入差距正在缓慢的缩小，城乡居民收入比也从 2.66 下降到 2016 年的 2.19。

特别是自 2016 年以来，吉林省种植业结构进行了改革，玉米价格下行态势给农民增收带来了巨大压力，农民种粮积极性大打折扣，由于种植业本身的限制因素较多，获得的收益较小，而且还受到自然条件与社会经济发展的影响，所以种植业的风险水平要远大于其他行业，而这也影响了农民收入的增加。这样就导致大批农村青壮年劳动力外流，部分地区出现了劳动力适龄人口短缺、劳动力结构失衡的问题，影响了农村经济发展。由于农业比较效益很低，近年来外出劳动力常以租赁的形式将责任田承包给他人耕种，而未外出的劳动力大多文化素质较低，经营耕地较为粗放，制约了农业生产率的提高。

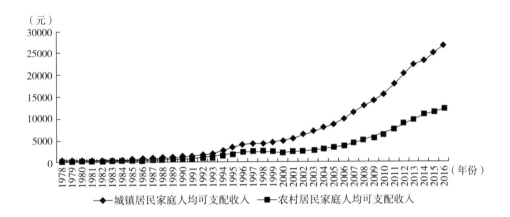

图 6 - 1　1978～2016 年城乡居民家庭人均可支配收入

农村大量青壮年劳动力流向城市，这使农村地区与城市地区的收入差距更加拉大，导致了城乡发展差距更加明显。外出务工使当地消费需求减少，影响了当地的农业投入和基础设施，也阻碍了当地农村经济的发展和城市化建设的进程。对农业经济的影响而言，农民从事农业生产的积极性降低，吉林省粮食安全风险提高。从劳动力角度来看，外出务工的劳动力是当地农村拥有知识并年富力强的部分，留下的是老弱病残和儿童，长此以往，这些地区农民、农业与发达地区的差距将越来越大，吉林省作为重要国家商品粮基地，由于其经营模式转变缓慢，这不利于吉林省农村经济的正常发展。所以吉林省种植业结构改革不能以农民收入下降为代价，必须千方百计寻找农民增收途径，保证农民收入逐年增长。

6.4 产业互进发展的价值导向

对吉林省农业资源禀赋和主要矛盾而言，种植业结构改革的重心应放在农牧结构上，无论资源总量还是产品总量都决定了这一取向，改变以往片面生产籽实玉米的传统做法，将一部分种植籽实玉米的土地直接改为种植青贮玉米或饲草，在玉米作物结构上实现粮食作物与饲料作物的结合。

农牧这篇"文章"既要大作，更要深作。农牧结构优化的基本思路是"农牧结合，以牧稳粮，以农优牧"。以玉米为主体的粮食作物生产，与农牧业之间形成了天然的依存互动关系。70%以上的玉米作为畜牧业饲料被消费，畜牧业的发达程度直接决定了玉米就地转化市场的宽度。在满足国家饲料用粮配置的前提下，本地转化能力越强，粮食市场越稳定。"以牧稳粮"，必须在宏观空间布局上实现农牧结合，在微观农户经营结构上实现种养结合，提高本地畜牧业对玉米的消费转化能力，同时对农民产生增收和就业效应。"以农优牧"就是要通过种植业结构的调整，为畜牧业发展提供优质饲料和多元饲料，提高农牧之间的转化效率。在农户玉米生产的基础上，大力发展农户养殖业，实现畜牧业与玉米种植业在农户内部的结合。

玉米作为多元用途产品，具有较长的产业链条。较高的玉米临储价格的弊病就在于忽略了上下游产业协调发展的关系。产业协调发展既涵盖了上下游产业之间的关系，也涵盖了农林牧渔之间的关系，还涵盖了不同作物种类及内部的关系。因此，进行吉林省种植业结构性改革，必须遵照产业互进的价值导向，充分考虑产业之间的互进发展关系，形成产业之间的良性互动。

6.5　生态可持续的价值导向

生态可持续价值导向是吉林省粮食可持续增长路径必须遵循的基本价值导向。随着人们生活水平的提高，绿色粮食在未来粮食市场的需求会越来越大，粮食生产应坚持绿色健康、生态友好的方向，逐渐引进绿色生产科技，构建健康、环保、循环的绿色需求引导机制。

一方面，吉林省以往采用"重经济，轻环境"的发展方针，在推动经济大力发展的同时，对资源和环境也带来一定破坏。其表现在：一是水质受到不同程度的污染；二是土壤有机质降低，中部黑土层厚度目前减薄为 20 厘米左右；三是不合理的开发导致重要林业基地衰退甚至枯竭；四是生态退化与全球环境变化的效应增加，导致资源减少和环境退化，西部草原退化率高达 90%左右。生态可持续是指用可持续发展的理念来发展农业，赋予其生态性、人与自然和谐理念以及经济与社会和谐的内涵，吉林省作为中国的农业大省，走生态可持续的农业发展道路是其结合实际的客观选择。

另一方面，未来农产品的竞争是"绿色"的竞争，绿色农业产业是具有国际竞争力的强势产业。绿色农业是对绿色食品产业的提升，通过发展现代绿色农业，给绿色食品的发展创造良好的资源发展空间，不断增加绿色食品总产出量，提高绿色产品质量，满足社会对绿色食品日益增强的需求。吉林省若能把绿色农业这篇"文章"做大、做强、做活的话，就是培育了未来抢占国际市场的优势和先机，储备了市场占有份额。综观国际市场，无论现在还是将来，吉林省农产品贸易要在国际市场上取得一席之地，第一就是农业产品的质量要达到国际通用的卫生标准；第二要满足发达国家更为苛刻的技术标准，否则就很难打破国际绿色壁垒的限制。

吉林省种植业结构改革，要时刻遵循生态价值导向，坚守粮食生产红线，杜绝过度使用生态资源，对吉林省黑土地进行保护和修复，必须坚定"金山银山不如绿水青山"的发展理念。不能以牺牲农业资源环境为代价，换取粮食产量的增长或换取农业的当前增长。要建立一个农林牧渔之间及其内部结构之间的能量良性互动的关系。既要充分发挥农业的经济功能，也要充分发挥农业的生态功能。

第7章 吉林省农地适度
规模经营的测算

以往对农地经营规模效率的评价主要选择土地生产率、劳动生产率、资本利润率指标予以衡量，虽然这些指标非常直观地给出了随规模变化投入与产出的关系，但是根据书中对农地规模效率的界定，其无法反映出要素最大的生产潜力，即农地规模既定下所能达到的最大产出水平，或在固定产出条件下所能实现的最小农地投入水平。而且各个指标在进行比较时经常出现会优劣上的矛盾及权衡上的困难。鉴于此，本书改变传统衡量农地规模效率的做法，采用客观反映效率内涵的技术效率对农地规模效率进行测度与评价，揭示不同规模农地效率的内在变化规律。为此，本书在农地规模效率具体测度方法上，主要运用的是数据包络分析法，该方法在对农地规模效率测度的同时，能够充分考虑粮食生产投入的全要素效率和家庭总体规模效率的变化情况。

7.1 吉林省农村居民收入状况分析

本书适度规模的确定是基于在微观目标即农户农地收益最大化得以实现的基础上，找出最有效率的生产规模，因此在实证分析前就有必要对农户的收益情况做一个简要分析。

农民收入即农民家庭人均纯收入，它不仅是反映农民家庭实际收入的综合水平，也是衡量农村经济社会发展的重要尺度。各收入构成要素的变化反映了宏观收入分配和经济体制的变动情况，因此，分析居民的收入结构变动有助于了解收入增长中各要素的贡献率，从而可以更准确地对促进收入增长进行准确定位。

7.1.1 吉林省农村居民收入变化情况

7.1.1.1 吉林省农村居民收入总体趋势

由于投入的推动、科技的带动以及政策的拉动，吉林省农村居民收入有了较为明显的增长。从 2010 年的 6237 元增加到 2018 年的 13748.17 元，净增长 7511.17 元，为原来的 2.2 倍，年平均增长速度为 14.57%。但吉林省的农村居民收入增长要慢于全国水平，全国农村居民人均纯收入由 2010 年的 5919 元，增长到 2018 年的 14617.03 元，8 年净增长 8698.03 元。2010 年以前，吉林省的农村居民收入一直要高于全国平均水平，2003~2009 年，吉林省的农村居民收入在全国排名前十，如表 7-1 所示。

表 7-1　2010~2018 年全国和吉林省农村居民人均纯收入　　单位：元

年份	2010	2011	2012	2013	2014	2015	2016	2017	2018
全国	5919	6977	7917	9429.59	10488.88	11421.71	12363.41	13432.43	14617.03
吉林省	6237	7510	8598	9780.68	10780.12	11326.17	12122.94	12950.44	13748.17

资料来源：《中国统计年鉴》（2011~2019）和《吉林统计年鉴》（2011~2019）。

7.1.1.2 吉林省农村居民收入增长的阶段性特征

（1）快速增长阶段（2003~2004 年）。

2004 年吉林省农村居民收入增加速度要高于全国的增长速度，最主要原因是 2004 年国家取消了农业税，并增加了对种粮农民的补贴，这对于农业大省来说是收益最大的，通过"三补一减"农民收入大幅度增加，2004 年吉林省农村居民人均纯收入增加 470 元，而全国农民人均收入增加 314 元，粮食大县农民人均纯收入比全国多增加 161 元。

（2）波动增长阶段（2005～2009 年）。

2005 年吉林省农村居民收入增长速度为 8.79%；2006 年有所增加，增长速度达到 12.03%；2007 年吉林省的增长速度为 15.07%；而到了 2009 年吉林省农村居民收入增幅仅为 6.75%。导致这种现象的原因是，自 2007 年以来，由于农业生产资料价格的不断增长，导致农产品价格下滑，从而部分抵消了国家政策性转移收入。2009 年全国又遭受了严重的旱灾，内蒙古、辽宁、吉林、黑龙江、湖南、山东、陕西、甘肃 8 省份遭受旱灾最为严重，农作物受灾面积占全国半数以上，直接经济损失接近全国一半。而种粮收入是粮食大县农村居民收入的主要来源，由于旱灾导致粮食产量下降，所以农村居民收入增长缓慢。

（3）平稳增长阶段（2010～2018 年）。

自 2010 年以来，吉林省农村居民收入进入平稳持续增长阶段，年增长率均超过 5%。

7.1.2　收入结构变动及原因分析

居民收入结构是指其收入构成要素在总收入中所占的比例及其相互关系。在统计中常用的人均纯收入由四部分构成，分别是：工资性收入、经营性收入、财产性收入和转移性收入。近年来随着畜牧业、农产品加工业以及交通条件的改善，在居民收入总体增加的基础上，农村居民收入结构也发生了变化。

7.1.2.1　工资性收入的变化

工资性收入是目前农民收入的第二大组成部分，随着农民在当地非企业组织中获得报酬的不断增加，在县乡范围内企业劳动获得的工资不断增加以及农民外出务工收入的不断增加，工资性收入有明显上升的趋势。伴随着依托粮食资源的农产品加工业以及畜牧业的发展，越来越多的农村居民进入外出打工的行列，工资性收入是未来农民增收的一个重要源泉。

7.1.2.2 经营性收入变化

经营性收入是农民收入的主体，从经营性收入结构来看，吉林省农民的收入主要来自第一产业，第一产业中收入主要来自种植业，种植业中收入主要来自种粮，粮食中收入又主要来自高产作物玉米。所以粮食是否丰收以及粮价是否合理，直接影响居民的收入状况。伴随着畜牧业的发展，畜牧业收入是经营性收入的第二大部分，可占经营性收入10%左右。所以说短期种粮收入还是粮食大县农村居民收入的主要来源。

7.1.2.3 财产性收入的变化

财产性收入对于农民来说来源比较分散，而且所占份额较小，现阶段财产性收入主要是来自转让承包土地和土地征用所得的补偿。自2004年以来，中央连续发布的十个一号文件都是围绕"三农"问题，特别是减免农业税、对种粮农民进行直接补贴、良种直接补贴等政策的实施，农民得到了越来越多的实惠。

7.1.2.4 转移性收入的变化

转移性收入明显地增加，极大地调动了种粮农民的积极性。可见国家对农民扶持力度不断增加，未来应该进一步加大对农民的扶持和补贴，特别是对保障国家粮食安全做出突出贡献的粮食大县进行政策倾斜，从而调动种粮农民的积极性。

7.2　基于 DEA 方法的农户经营规模效率实证分析

7.2.1　DEA 模型介绍

结合本书的研究需要，本书将选取非参数法（DEA）进行经营绩效分析。DEA 模型是由著名的运筹学家 Charnes、Cooper 和 Rhodes 于 1978 年以相对效率为基础，构建的一种评价决策单元（DMU）生产效率的非参数分析方法。DEA 是建立在帕累托效率最优基础上，只有两种情况的决策单元才能达到效率最优：①只有当增加资源的投入或减少其他产出项的产出时，某一产出项的产量才会增加。②只有当减少产出项的产量或增加其他产出项的资源投入时，某一投入项的投入量才会减少。

DEA 方法中最为常见的模型为规模报酬不变的 CCR 模型（由 Charnes、Cooper 和 Rhodes 提出，以下简称 CCR）和规模报酬可变的 BCC 模型（由 Banker、Charnes 和 Cooper 提出，以下简称 BCC）。Charnes、Cooper 和 Rhodes 于 1978 年首先提出 CCR 模型，假定所有决策单元（DMU）的规模报酬不变，即所有决策单元的规模效率都是最佳的。而现实情况并非所有决策单元的规模效率都是最佳的，Banker、Charnes 和 Cooper 于 1984 年在 CCR 模型的基础上，放宽了该假定，提出了规模报酬可变的 BCC 模型，拓展了模型的适用性。具体来说，BCC 模型将综合效率分解为纯技术效率和规模效率两种，这种分解方法在某种程度上有效解决了 CCR 模型的固有缺陷。CCR 模型和BCC 模型的表达式如下：

$$\min \theta$$

$$\text{s. t.} \begin{cases} \sum_{j=1}^{n} \lambda_j x_j + s^- = \theta x_0 \\ \sum_{j=1}^{n} \lambda_j y_j - s^+ = y_0 \\ \sum_{j=1}^{n} \lambda_j = 1 \\ \lambda_j \geqslant 0, s^- \geqslant 0, s^+ \geqslant 0 \end{cases} \tag{7-1}$$

$$\min \theta$$

$$\text{s. t.} \begin{cases} \sum_{j=1}^{n} \lambda_j x_j + s^- = \theta x_0 \\ \sum_{j=1}^{n} \lambda_j y_j - s^+ = y_0 \\ \lambda_j \geqslant 0, j = 1, 2, \cdots, n \\ s^- \geqslant 0, s^+ \geqslant 0 \end{cases} \tag{7-2}$$

上述两式中，θ 为决策单元（DMU）的效率值，取值范围为（0，1］；x_j、y_j 表示第 j 个决策单元的投入量和产出量；λ_j 为决策单元的权值；s^-、s^+ 则为投入和产出的松弛变量。由上述公式可知，BCC 模型是在 CCR 模型的基础上通过增加线性约束条件 $\sum_{j=1}^{n}\lambda_j = 1$ 转化而来。进一步，假定 CCR 模型的最优解为 λ^*、s^{*-}、s^{*+}、θ^*，则有如下结论：

（1）若 $\theta^* = 1$，且 s^{*-}、s^{*+} 的值不同时为 0，决策单元为 DEA 弱有效。

（2）若 $\theta^* = 1$，且 $s^{*-} = 0$，$s^{*+} = 0$，决策单元为 DEA 有效。

（3）若 $\theta^* < 1$，决策单元为 DEA 无效。

（4）若存在 λ_j^*（j = 1，2，…，n）使 $\sum_{j=1}^{n}\lambda_j = 1$ 成立，规模效益不变；若 $\sum_{j=1}^{n}\lambda_j < 1$，规模效益递增；若 $\sum_{j=1}^{n}\lambda_j > 1$，规模效益递减。

BCC 模型的参数解析和结论假设类似，详细论证可参考相关的研究。在实际运用中，DEA 模型有两种形式：投入导向型和产出导向型。投入导向型被定义为产出不变，如何使投入最小；产出导向型被定义为投入不变，如何使产出最大。考虑到农户经营规模和生产要素投入直接影响农户农业经营收入。因此，本书更适合选择投入导向型的 BCC 模型来测算经营规模效率值及后续相关分析。

7.2.2　数据说明

本书对吉林省农户农地规模效率的研究数据来源于调查小组 2018 年 8～12 月对吉林省延边、通化、长春、吉林、四平、辽源、松原和白城的实地调研。调查方式是入户问卷调查、采取典型抽样与随机抽样调查相结合的方法。样本分布 25 个乡镇，样本数量达到 60 个村，总计发放问卷数量达 300 份，合计收回调查问卷 280 份，其中有效调查问卷达 267 份，调查问卷有效率达到 89%，符合调查问卷分析基本条件，基于调查问卷的分析相对可靠。由于前文对本书的研究范围已经做了界定，仅对玉米种植的农地适度规模进行研究，所以样本中涉及的农户均为单一玉米种植户，不涉及其他作物种植或养殖内容。

7.2.3　建立农户农地经营规模效率评价指标体系

参考现有相关文献及针对本书所要解决的问题，建立如下指标体系。在投入指标中主要包括直接投入、间接投入、劳动投入、农地投入，这几个指标囊括了粮食生产中的所有投入。如表 7-2 所示。

直接投入指在农地生产过程中发生的，可以直接计入其成本中的投入，不包括劳动和土地投入，包括种子费、化肥费、农药费、机械作业费等。直接投入是农户从事粮食生产经营投入重要的组成部分，其占据了农户每年绝大部分的现金支出。因此，直接投入的多少在很大程度上决定了当年粮食的生产成本。

表7-2　农地经营规模效率评价指标体系

效率评价	产出指标	投入指标	
农地经营规模效率	目标：种粮收益最大化	直接投入	种子费、农药费、化肥费、机械作业费、排灌费、其他费用
纯技术效率		间接投入	固定资产折旧费、保险费、销售费
家庭总体规模效率		劳动投入	粮食生产实际用工总量
		农地投入	农地播种面积

间接投入指与农地生产过程有关，但需要分摊才能计入其成本的费用。包括固定资产折旧费、保险费等。

劳动投入指农户家庭当年从事粮食生产经营的实际用工量。在以往研究中对劳动投入确认主要采用的是家庭劳动力数量，这种做法在农民就业空间狭窄，劳动力流转非常少的情况下勉强可以，但在当前农民就业渠道的多元化和每年非农用工量较多的情况下该做法不太适合，因此选择家庭种粮的实际用工量比较符合现实。家庭粮食生产的实际用工量，在数值上等于家庭所有劳动力从事粮食生产用工天数总和与雇工总天数、雇工人数、雇工天数的加总。

农地投入指农户家庭当年粮食玉米的播种面积总量。由于本书所调查的区域是一年一熟的吉林省，因此，农户农地的播种面积基本反映了其家庭农地的经营规模。

运用软件Stata15.0版本对种粮收益与各个投入的相关性进行分析，如表7-3所示。

表7-3　各项投入与种粮收益相关分析

	种粮收益	直接投入	间接投入	劳动投入	农地投入
种粮收益	1.000	—	—	—	—
直接投入	0.756	1.000	—	—	—
间接投入	0.611	0.694	1.000	—	—

续表

	种粮收益	直接投入	间接投入	劳动投入	农地投入
劳动投入	0.582	0.223	0.219	1.000	——
农地投入	0.920	0.813	0.652	0.171	1.000

由表 7-3 可以看出，种粮收益与直接投入、间接投入、劳动投入以及农地投入相关性均比较高，尤其是农地投入规模的相关性最高，相关系数达到 0.920，这充分表明农户经营的土地规模在很大程度上决定着其家庭的种粮收益。

7.2.4　实证分析

基于本书研究对象是农户家庭经营的农地规模，因此这里根据农户家庭农地规模和种粮收益对不同规模农户进行聚类分析。聚类方法主要采用层次聚类法中的聚集法，即把每个农户个体作为一类，然后按照农地规模及其种粮收益逐步归类，最终农户规模聚类结果如表 7-4 所示：

表 7-4　不同农地规模下的投入产出状况

编号	规模范围（亩）	投入				产出
		直接投入（元）	间接投入（元）	劳动投入（天）	土地投入（亩）	货币收益（元）
1	0~3（≤3）	861.12	27.42	8.97	2.30	2303.81
2	3~9（≤9）	2426.11	77.24	25.272	6.48	6264.64
3	9~14（≤14）	4281.26	136.31	44.5965	11.435	6043.36
4	14~19（≤19）	6286.18	200.14	65.481	16.79	16810.31
5	19~23（≤23）	7974.72	253.90	83.07	21.30	18611.57
6	23~28（≤28）	9876.67	314.45	102.882	26.38	25921.52
7	28~34（≤34）	11816.06	376.20	123.084	31.56	32194.88
8	34~39（≤39）	13953.89	444.26	145.353	37.27	34516.18

编号	规模范围（亩）	投入				产出
		直接投入（元）	间接投入（元）	劳动投入（天）	土地投入（亩）	货币收益（元）
9	39~45（≤45）	15923.23	506.96	165.867	42.53	40495.42
10	45~52（≤52）	18791.14	598.26	195.741	50.19	51028.45
11	52~75（≤75）	24347.23	775.16	253.617	65.03	59490.70
12	75~80（≤80）	29802.24	948.83	220.54	79.60	91950.50
13	80~90（≤90）	32479.20	1034.06	338.325	86.75	89485.40
14	90~100（≤100）	36878.40	1174.12	384.15	98.50	95431.25
15	100~110（≤110）	39312.00	1197.96	300.00	105.00	117000.00

资料来源：调研数据整理。

由表7-4可知通过聚类分析将267户不同规模农户分成15个规模范围，每个范围的投入与产出为该规模范围农户的平均值。从不同规模投入产出变化情况看，直接投入与间接投入随着农地规模扩张呈现不断增加的趋势，劳动投入表现为先增加后下降的格局，这主要是由于大规模农户增加了机械投入，用机械替代人力的结果是农户种粮的总收益随家庭经营农地规模增加同时表现为上升的格局。

计量农户农地规模效率、总体纯技术效率和总体规模效率，具体结果如表7-5所示：

表7-5 微观目标下的投入导向农地规模效率

规模范围（亩）	实际规模	目标规模	农地规模效率	纯技术效率	总体规模效率	规模报酬
0~3（≤3）	2.301	2.301	1.000	1.000	0.892	递增
3~9（≤9）	6.477	6.111	0.953	0.952	0.930	递增
9~14（≤14）	11.438	10.202	0.888	0.887	0.976	递增
14~19（≤19）	16.792	15.588	0.926	0.926	0.986	递增

规模范围（亩）	实际规模	目标规模	农地规模效率	纯技术效率	总体规模效率	规模报酬
19~23（≤23）	21. 299	17. 185	0. 807	0. 826	0. 968	递增
23~28（≤28）	26. 378	23. 371	0. 889	0. 939	0. 992	递增
28~34（≤34）	31. 553	28. 380	0. 901	0. 901	0. 994	递增
34~39（≤39）	37. 268	30. 943	0. 830	0. 907	0. 975	递增
39~45（≤45）	42. 525	36. 203	0. 850	0. 850	0. 995	递增
45~52（≤52）	50. 190	44. 408	0. 885	0. 885	0. 997	递增
52~75（≤75）	65. 025	51. 657	0. 794	0. 829	0. 994	递增
75~80（≤80）	79. 600	79. 600	1. 000	1. 000	1. 000	不变
80~90（≤90）	86. 75	53. 845	0. 610	0. 685	0. 797	递增
90~100（≤100）	98. 50	88. 015	0. 912	0. 921	0. 997	递增
100~110（≤110）	110. 00	110. 00	1. 000	1. 000	1. 000	不变
平均	45. 739	39. 854	0. 883	0. 901	0. 9662	—

表 7-5 农户规模在 0~3 亩这个范围的农地规模效率和纯技术效率均为 1.000，表明此规模的家庭投入生产的全部要素是有效率的，农地投入也是有效率的，但由于此范围内家庭规模过小，从而导致了总体规模是没有效率的，总体规模效率仅为 0.892。从 3~9 亩到 52~75 亩规模范围来看，农地规模效率、纯技术效率及总体规模效率都小于 1，表明这些规模范围内的农户从事农业生产的投入要素无效率，同时也包括土地的投入也无效率，此时农户整体经营规模偏小，始终处于规模报酬递增的状态。由表 7-5 可以看出，在 75~80 亩和 100~110 亩这两个规模范围内实现了农地规模效率、纯技术效率和总体规模效率均为 1，表明农户在此规模范围内达到了农地规模效率的最优。

从上面分析可以看到，在 75~80 亩和 100~110 亩这两个规模区域无论在投入导向还是产出导向下的农地规模效率、总体纯技术效率和规模效率均达到了最优，也就是说在基于纯技术效率和规模效率最优基础上的农地规模效率最优解并不唯一。因此，为了确定一个效率最优的规模区域，本书将对两者的绝对效率予以进一步的比较。根据农户家庭从事粮食生产经营利润最大化这一目标，对75～80亩和100～110亩区域绝对效率的衡量采用成本利润率这一指标。

农户家庭粮食生产经营总成本的核算对衡量其成本利润率十分重要，总成本的大小直接决定着成本利润率的高低。以往对种粮农户生产经营成本核算中往往忽视农户自用工成本和家庭承包的土地成本，而且对间接费用如固定资产折旧费、保险费等也均未予以考虑，从而导致核算出的粮农成本利润率与实际差距较大，即多数情况下偏高。

本书对总成本的核算充分考虑种粮农户的自用工成本、土地成本以及间接费用的投入。其中，自用工成本用家庭粮食生产总用工量与当地雇佣劳动力费用乘积衡量劳动机会成本；土地成本用家庭土地数量与当地单位土地年租金的乘积衡量土地机会成本，根据实际调研测算，土地成本按400元/亩计算；间接费用用家庭农地数量与《全国农产品成本收益资料汇编》中玉米生产每亩的间接费用乘积衡量，利润总额用家庭粮食产量与粮食销售价格的乘积衡量，具体核算结果如表7-6所示。其中，总投入=直接投入+间接投入+劳动投入+土地投入；净利润=利润总额-总投入；成本利润率=净利润/总投入。

表7-6　最优效率规模区域成本利润率差异分析　　　单位：元，%

投入产出项目	规模范围	
	75～80（≤80）	100～110（≤110）
直接投入	29802.24	39312
间接投入	948.83	1197.96
劳动投入	22054	30000.00
土地投入	31840.00	42000.00
总投入总额	84645.07	112509.96

投入产出项目	规模范围	
	75~80（≤80）	100~110（≤110）
利润总额	91950.50	117000.00
净利润	7305.43	4490.04
成本利润率	8.63	3.99

从表 7-6 成本利润率的差异来看，由于 2018 年实行的玉米"价补分离"政策，失去了玉米临储政策时的政策福利，导致种植玉米的净利润率较小，但我们也可以看到，在 75~80 亩规模范围的农户的成本利润率为 8.63%，要高于 100~110 亩规模范围的成本利润率 3.99%。因此，在以农户货币收益最大化目标下的最优规模效率的规模范围为 75~80 亩。

第8章 吉林省农地规模经营差异的
影响因素分析

农户规模经营影响因素一直是农地规模经营研究的重点，能否准确判断农户规模经营的影响因素直接关系到下一步如何来提高农业规模经营的效率。对农户规模经营具体受哪些因素影响，各个学者有着各自的看法。有学者认为农地经营规模效率需要结合农户家庭的具体情况来分析，它至少要涉及农户的粮田条件、技术变化、经营规模、复种指数、成本计算以及其自身素质这些因素。有学者认为农地规模效率主要与土地上的各种投入有关，这些投入包括劳动力、固定资产、流动资产，不包括劳动力和技术，其中技术凝结在劳动力、固定资产和流动资产上，固定资产由机械、建筑物等组成，流动资产主要包括化肥、农药、良种和其他原材料等。以往有学者在总结经济组织规模效率若干决定因素的基础上，分析了影响农户农地规模效率的因素，主要包括交易费用与管理成本、产业性质、物品的特性、资产专用性、外部性以及垄断因素。

8.1 变量选取及解释

本章综合以往文献对农地适度规模效率影响因素的分析，结合实地调研数据，从户主个人一般特征变量、农户家庭特征变量如劳动力数量及相关农业生产过程中的投入量等指标、农业机械化水平变量、城镇化水平变量、社会保障变量及土地流转制度变量六大方面选取如下变量作为影响农业规模化经营的解释变量：

（1）户主个人一般特征变量。

包括户主个人性别、年龄、受教育水平、婚姻状况。其中，对于非连续变量性别和婚姻状况，采用男性占所在规模区域总体比例和已婚占所在区域总体比例来进行衡量。

（2）农户家庭基本特征变量。

包括家庭劳动力人数、农用固定资产价值量、生产过程中直接物质投入费用（包括种子费、农药费、化肥费、灌溉费、机械作物费）、经营地块数、流转地租金投入及间接投入费用。

（3）农业机械化水平变量。

农用固定资产价值，该变量反映农业机械化水平的高低对于规模化经营的影响。

（4）城镇化水平变量。

该变量用城镇化人口比重来反映城镇化水平对规模经营的影响。

（5）社会保障变量。

该变量用农户是否加入社会养老保险来反映对规模经营的影响，用加入的农户占所在规模区域总体比例来衡量。

（6）土地流转制度变量。

该变量指村里对农户土地流转制度的规定，用可以流转农户占所在规模区域总体比例来衡量。

被解释变量为实现家庭总收益的最大化目标下的规模效率，对于微观农户来讲，实现家庭总收益最大化是其从事粮食生产经营的最主要的目标。本书借鉴张忠明 2008 年的论文对吉林省玉米种植户家庭总收益最大化目标下的规模效率进行测定。

根据实际调研数据及宏观统计数据，变量具体情况如表8-1所示。

表8-1 变量数据描述统计

模型变量	标准差	均值	最小值	最大值
家庭总收益的最大化目标下的规模效率（解释变量）	0.09	0.91	0.62	1.00
户主个人一般特征变量				
男性比例（%）	8.57	83.25	78.92	100.00
年龄	8.73	46.39	24.00	72.00
已婚比例（%）	3.57	89.61	86.45	100.00
受教育年限	4.51	7.45	0.00	12.00
农户家庭基本特征变量				
家庭劳动力数量	0.86	2.87	1.00	5.00
种子费用（元）	1058.58	1158.51	179.58	6500
农药费用（元）	548.58	482.57	50.00	2500.00
化肥费用（元）	3985.25	4571.25	500.00	12000.00
灌溉费用（元）	23.91	48.36	0.00	200.00
种粮实际用工总量（天）	60.62	215.31	87.65	326.67
农用固定资产价值（元）	15.54	1237.48	300	6000.00
农地规模（亩）	29.58	30.87	2.30	100.50
经营地块数量（块）	2.63	4.23	1.00	20.00
间接费投入量（元）	141.85	200.52	17.52	534.25
农业机械化水平变量				
自有农机户比重（%）	6.72	85.47	76.18	91.58
城镇化水平变量				
城镇化人口比重（%）	2.58	49.27	47.35	56.65
社会保障变量				
加入社会养老保险农户所占比例（%）	16.92	50.48	45.62	72.54
土地流转制度变量				
土地可流转比例（%）	12.47	85.32	58.24	100.00

资料来源：调研数据整理和《吉林统计年鉴》（2019）。

8.2　统计分析

8.2.1　计量方法

本书使用 Tobit 模型分析影响吉林省农地适度规模的因素更具可操作性。Tobit 分析主要用于被解释变量受限制时的一种分析方法，Tobit 模型的函数表达式如下：

$$Y_i = \begin{cases} \sum_{i=1}^{n} \beta_i x_i + \mu, & \sum_{i=1}^{n} \beta_i x_i + \mu > 0 \\ 0, & \sum_{i=1}^{n} \beta_i x_i + \mu \leqslant 0 \end{cases} \qquad (8-1)$$

其中，Y_i 为家庭农场的综合效率值；X_i 为影响因素；β_i 为 X_i 的回归系数；μ 为随机误差项，且服从正态分布。

8.2.2　实证分析

本书采用 Stata15.0 版本进行回归分析农业规模经营影响因素。回归结果如表 8-2 所示。

表 8-2　规模经营影响因素回归结果

解释变量	系数	显著性
性别	-0.0049	0.0630
年龄	-0.0005	0.1050
已婚比例（%）	0.0053	0.0570
受教育年限	-0.1204	0.0680

解释变量	系数	显著性
家庭劳动力数量	− 0.1221	0.0310
种子费用（元）	0.0004	0.0510
农药费用（元）	− 0.0017	0.0670
化肥费用（元）	1.81E − 06	0.1010
灌溉费用（元）	0.0031	0.0530
机械作业费用（元）	2.72E − 05	0.0750
农地规模（亩）	− 0.233	0.1780
经营地块数量（块）	0.0334	0.2170
间接费用投入量（元）	0.0029	0.2020
农用固定资产价值（%）	0.0360	0.0270
城镇化人口比重（%）	0.0042	0.410
加入社会养老保险农户所占比例（%）	− 0.0058	0.0350
土地可流转比例（%）	0.0170	0.0390
卡方值：62.54	显著性：0.0000	
判定系数 $R^2 = 0.3158$		

由表 8 - 2 我们可以看出，置信区间显著性为 0.0000，远小于 0.05 的显著概率水平，虽然判定系数为 0.3158，不是很高，但本书回归数据为截面数据，因此并不影响我们对影响因素的分析。从显著性水平的显著性上我们可以得出家庭劳动力数量、经营地块数量、自有农机户比重、城镇化人口比重、加入社会养老保险农户所占比例及土地可流转比例。

8.2.3 显著性影响因素分析

（1）家庭劳动力数量对规模化经营具有显著影响。

从影响系数上看，家庭劳动力数量与规模经营效率成反向影响关系。笔者分析以为家庭劳动力数量越多，则对土地的依赖性更强，流转意愿小而阻碍了土地的流转进而影响规模经营。农地的适度规模经营是农业现代化的重要特征和基本条件。而农村劳动力的转移是农地的流转、集中和实现农地规模经营的必要条件，为其实现提供了可能。

从一些发达国家实行农地规模化经营及实现农业现代化的进程中可以看出，要实现农业现代化，进行农地规模化经营增加农业生产收益，这些都是以农村剩余劳动力的转移为前提的。并且由此可以看出，农村剩余劳动力的转移可以不断提高农业生产效率。同时，农村剩余劳动力的转移为农业机械的大规模作业以及农业新技术和新科技的推广和普及创造了条件，在农地规模经营的基础上，通过农业生产结构的不断升级，农业生产经营条件的不断改善，从而使农业生产从一家一户的传统经营方式向现代化的大规模经营的社会化大生产模式转变。

农村劳动力的转移除了有以上经济影响外，它还会促进整个社会的进步和人口素质的提高。通过人口的转移可以促进城镇化的实现，农村人口进城以后可以开阔眼界，在教育机会均等的条件下，就可以促进农民工们文化素质的提高和生活方式的改善，可以逐步改变他们的传统思想和落后意识，从而提高农民的整体文化水平和思想觉悟，这有利于培养新型的农民主体，加快实现农业的现代化的进程，培养出有文化、有素质的农地规模经营的新型主体。

（2）农用固定资产价值对规模经营效率成正向影响。

农业机械化的发展是农地规模经营发展的一个重要条件，农业机械化水平的提高在一定程度上促进了农地规模经营的发展，而农地规模的时兴和发展也促进了农业机械化的广泛使用。两者相互联系相互促进。

就吉林省而言，农业机械化水平在不断地提高，而农业机械化水平的提高，不仅通过扩大农地经营的面积来进一步促进农业机械的充分利用，并且也使一小部分农村劳动力来经营大规模的土地成为可能，从而满足了农地规模经营对农业机械化的需求，为吉林省农地规模经营的发展提供了基础保障。

通过农地规模经营可以实现农业机械化生产，使农业生产可以按照标准化操作，使农业生产可以按照标准化操作，农业新技术和新品种也可以加快推广，提高农业的综合生产力，降低农业的生产成本，实现农业的低投入、高效率和高效益生产。减轻农民的劳动强度，使大部分城市务工人员在农忙时继续留在城市工作，没有后顾之忧。

（3）城镇化人口比重对规模经营效率成正向影响。

这说明城镇化程度越高，越有利于土地转出，达到土地规模化、集中化连片种植。城镇化水平的高低体现的是一个地区经济的发展程度，城镇化水平高则可以说明该地区的经济是发达的，反之，则可能是不发达。吉林省的城镇化水平在我国城镇化进程中发展还是比较早的，在其发展过程中为社会经济的发展提供了原动力，所产生的巨大吸附作用提高了农业现代化水平，促进了农地规模化经营的进程，增加了农民收入。

城镇化的建设和发展为农地规模化经营提供了原动力，促进了农地规模化经营的进程。第一，在城镇化建设和发展过程中，会吸附大量的农村剩余劳动力，这就为农村剩余劳动力的转移创造了条件，转移出去的农村劳动力就会以"农民工"的身份到城镇去就业。第二，城镇化的发展加速了产业结构的调整和升级，促进了第二产业、第三产业的发展，使更多的农村劳动力从农村的第一产业转移到了城镇中的第二产业、第三产业上来。第三，城镇化的发展有利于农业现代化的实现。在城镇化发展建设过程中，各种基础设施不断完善，各项优惠政策不断出台，有利于吸引大量人才，而城镇的辐射作用，同时刺激着农业的科技创新，加速实现农业现代化的进程，在推进土地产业化经营的同时解放了更多的农村劳动力。

（4）加入社会养老保险农户所占比例对规模经营效率有显著性影响，并成反向影响。

农村社会保障制度的建立和完善，都是在保证农民土地保障的基本功能基础上提出和形成的，因此，在一定程度上可以说健全完善的农村社会保障制度是实现农地规模化经营的前提条件之一。

　　吉林省作为我国重要的产粮大省和外部输出粮食量最多的省份，对整个国家的经济发展起着重要的作用，在保障整个国家粮食安全的问题上有着不能动摇的地位。但是，吉林省长期以来都面临着保障国家粮食安全和实现农民增收的矛盾。要解决这对矛盾，除了要依靠国家宏观调控的政策进行调节外，更重要的是要实现农业从粗放型经营向集约型经营的方式转变，而农业集约化经营主要的实现方式是农地规模化经营。目前，吉林省农村社会保障的现状对农地规模经营的推进有一些限制性的作用。

　　目前，吉林省农村最低生活保障制度的实施解决了农村一些生活最贫困农民的基本生活问题，但是最低生活保障的标准要低于国家低保线，救助标准低；新型农村合作医疗制度的实施在一定程度上也缓解了农民的看病难的问题，但是这主要针对以大病为前提的住院治疗，一般的门诊病不在报销范围之内，然而很多门诊病由于其就诊的持续性所产生的医疗费用甚至会高于住院治疗的费用，也使农民承担不起；新型农村社会养老保险的出台，也使农民的老年生活有了基本的保障，但是与城镇居民的养老保险相比相去甚远。

　　由此可以看出，吉林省现有的农村社会保障制度没有真正地解决农民的生存、养老和医疗问题，在这种形式下，农民仍然会通过土地来作为保障，不愿把土地承包出去，从而对农地的流转和规模经营的发展起到了阻碍作用。

　　（5）土地可流转比例对农业规模经营有显著反向影响。

　　吉林省现行的流转行为大多都是在亲戚或朋友之间进行，并且在进行土地流转的农民之间，大多没有规范的流转合同或协议，大部分农民一般只是通过口头约定，或者只签订简单的手写协议，大部分农民对土地流转的相关政策、权利和义务并不了解。对想要转出土地的农民来说，由于对土地流转政策的不了解，可能怕流转影响到自己的利益或者其他一些原因而不敢参与土地流转；

对想要参与土地流转、扩大种植规模的农民来说，可能由于对流转政策和流转知识的不了解，不知道流转行为该通过哪种方式实现；没有规范的合同或者协议，对于一些在流转以后产生的纠纷，就没有合理的依据进行判定。由此可以看出，吉林省土地流转制度的不完善制约了农地的流转和集中，阻碍了农地规模经营的发展进程。因此要深化农村土地制度的改革，建立健全有效的农地流转制度，必须依照"自愿、有偿、有序、规范"的原则引导农民进行农地流转。

第9章 日本农地适度规模经营对吉林省的启示

日本土地资源稀缺、人口老龄化问题严重，是发展适度规模经营的不利条件，与吉林省情况十分相似。但日本通过土地流转集中土地、推广农业新技术、品牌化战略、发展观光农业以及培育农业青年人才等措施，使日本家庭农场经济得以振兴，并成为全世界学习的典型。吉林省要积极学习日本家庭农场的先进经验，在政府的引导下适度集中土地，并相应地提高政策支持力度，在适度规模经营实践中推广使用先进技术，发展农产品深加工，提高吉林省农地适度规模经营水平。

日本是一个多山岛国，疆域狭小，全国68%的地域为山地，土地所有权高度分散，人口老龄化问题严重，并不具备发展以规模化、机械化、现代化为特征的家庭农场的优势条件。自20世纪60年代开始，日本采取所有制改革，逐步破除不利于农业大规模经营的制度性因素以及人力资本短缺因素，通过政策性引导，调整产业政策，大力发展家庭农场经济。目前，日本家庭农场已经实现了高度机械化、信息化、品牌化，成为全球家庭农场经济发展中的典型。日本打破资源束缚的"瓶颈"，走产业化、品牌化、高端化的家庭农场经营路线，其发展模式特点与经验值得吉林省借鉴。

9.1 日本农地适度规模经营的背景

9.1.1 食物自给率低，主要依赖国外进口

日本食物自给率自 20 世纪 60 年代以来持续下跌。1960～2018 年日本热量基准的食物自给率从 79% 降至 35%，下跌 44%；生产金额基准的食物自给率从 93% 降至 60%，下跌 33%；主食用谷物自给率从 80% 降至 56%，下跌 24%；促使日本成为世界上最大的食物净进口国。随着日本居民饮食习惯日趋西化，居民对蛋白质和油脂类的食物消费量进一步增长，除大米能够基本满足本国居民需求外，肉类、豆类、牛奶等多品类农产品均需大规模进口。由于日本家庭农业经营规模普遍偏小，极易造成农业生产结构僵化和生产成本居高不下，加之政府对国内农产品实行巨额补贴和对国外农产品设置高关税壁垒，导致国内农产品市场价格劣势明显，日本食物自给率表现出持续走低的发展态势。

9.1.2 农业人口大量流失，耕地撂荒严重

"二战"后的日本变革了封建土地关系，促成了"耕者有其田"的农业小规模经营范式，但也由此造成了严重的土地细碎化格局。随着国内经济高速增长，大量农业人口从农村转移到城市和非农产业部门，致使农业劳动力数量急剧减少。1960 年日本农户总数为 606 万户，到 1998 年降至 329 万户。此后，随着农业机械化与现代化水平的提升，日本农民务农意愿持续走低，2018 年日本农户数量降至 200 万户左右，农业就业人口仅约 190 万人。与此同时，日本国内耕地撂荒面积随着弃农人数的增加而不断扩大，1975 年日本耕地撂荒

面积为 13.1 万公顷，到 2018 年，全国耕地撂荒面积增至 24.3 万公顷，增幅高达近 68%。日本耕地撂荒的群体涉及销售农户、自给农户和拥有土地的非农户，耕地撂荒的深层次原因主要表现在：①农村人口过疏化与高龄化引致农业劳动力供给严重不足。②农业比较收益低下致使务农机成本越来越高，农民务农积极性受到严重挫伤。③非农地块价格上涨较快，农地所有者通常抱着资产持有的心态等待农地被征用转为非农地，这种现象在都市近郊地区尤为突出。

9.1.3　农户兼业化程度高，土地集聚受阻

销售农户是日本农业家庭经营体的重要组成部分，在农业经营体系中占据重要地位。2018 年日本销售农户数量约为 135 万户，平均每个销售农户拥有耕地面积 2.3 公顷，受制于土地高成本与农产品市场竞争的恶化，农户很难维系有效率的农业生产。小规模下农业经营性收入偏低，甚至不足以维持生计，农户因此纷纷走上了兼业化道路。日本销售农户家庭收入的一半以上来源于非农收入，农户兼业化现象十分普遍，且愈演愈烈。2018 年日本销售农户中专业农户比重仅为 33%。兼业农户中，以农业收入作为主要收入来源的"第一兼业农户"数量很少；以非农收入为主的"第二兼业农户"占据压倒性优势，其比重仍在提升。农户兼业程度的不断加深，致使日本小农经营格局在一定程度上趋于凝固化，严重影响了土地集聚和农业经营条件的改善，其结果是大量土地、劳力、资本过度分散在兼业农户手中，单个农户经营的耕地规模并没有随着农业从业人数的减少而明显增加，农业劳动生产率难以有效提升。在农业劳动力趋紧、非农工资率上涨的境况下，兼业化又进一步加剧了耕地撂荒的倾向。

9.1.4 农民老龄化、少子化严重，农业缺乏后备力量

随着青壮年从农村地区大量迁出，日本农村老龄化和少子化问题愈加严峻，成为了影响农业农村全面发展的重要因素。早在 2007 年就已正式步入了高龄化社会，而农业人口的高龄化程度更是远远超出了全国平均高龄化水平。在日本山丘区，伴随着农村人口老龄化和过疏化，许多村落濒临灭绝边缘。据日本总务省调查，截止到 2015 年 4 月，日本临界村落数量近 1.6 万个，相比 2010 年增加了 5000 个，在村落中的占比从 15.55% 升至 20.6%，数千座村落面临着"恐将灭绝"的危机，临界村落农业劳动力超前老龄化问题极为严峻，促使村落社会共同体功能加速瓦解。2018 年日本农业就业人口平均年龄达到 67 岁，男性和女性农业从业者平均年龄分别达到了 66.5 岁和 67.1 岁，骨干农业从业人员的平均年龄高达 67.3 岁，超老龄化导致耕地大面积抛荒，租入耕地的农户数量也明显趋减，从 2010 年的 56 万户降至 2018 年的 46 万户。日本农业劳动力全面老龄化及主业农户数量不断减少，青壮年劳动力接续不上，农业面临着后继乏人的严重危机。

9.2　日本农地适度规模发展的缘起

土地确权为日本农地适度规模初期发展奠定了基础。日本工业化的快速发展导致农业经济规模萎缩，日本正是为应对土地资源贫瘠、从业人口减少而适时发展了一种集约化生产经营方式。为此，日本政府不断出台法律法规，鼓励以土地租佃为中心，加快农业土地使用权流转，为日本农业土地的集中连片经营、共同基础设施建设奠定基础，以减少避开农业土地分散给日本农地适度规模发展带来的障碍。1946 ~ 1950 年，日本政府采取强硬措施购买地主的土地

转卖给无地、少地的农户，自耕农在总农户中的比重占到 88%，耕地占到 90%，并且把农户土地规模限制在 3 公顷以内。1952 年，日本制定了《农地法》，首次以法律形式对以上做法进行了规定，确保了土地少的小规模家庭经营的合法性，也为家庭农场经营奠定了基础。可以说，日本家庭农场经营的根基在于以法律形式确立了土地所有权与使用权的分离，保证了土地集中连片经营的合法性。

扭转经营模式使日本农地适度规模焕发生机。20 世纪六七十年代，政府农地改革的重点开始由鼓励农地集中占有转向分散占有、集中经营和作业的新战略上来。1961 年，日本出台了《农业基本法》，允许土地所有者将农业土地委托给小规模农业合作社经营，推动了日本农业土地集中经营。20 世纪 70 年代开始，日本政府又连续出台了鼓励农田的租赁和作业委托等形式的协作生产的法律法规，以避开土地集中的困难和分散的土地占有给农业发展带来的障碍因素。这些做法，为日本农地适度规模的进一步发展、特色化经营起到了重要的推动作用。

9.3　日本推行农地适度规模经营的措施

面对食物自给率持续走低、耕地大面积撂荒、农户兼业化程度加深、务农劳动力加速高龄化等严峻形势，为稳定农业生产和提升农业市场竞争力，日本政府积极应对，不断优化调整系列农业政策法规，确立了农业规模化经营的改革方向，促进了小农经济转型升级，让缺乏比较优势的日本农业顽强生存。这其中诸多宝贵经验和有效做法值得我国学习借鉴。

9.3.1 持续强化农地制度的改革与创新

为解决食品安全和推动农业规模经营，日本自 20 世纪 70 年代起不断修订和完善相关法律，鼓励土地所有权与经营权、耕地权相分离，积极提升土地利用效率。进入 21 世纪以来，为稳定农业生产，日本不断强化农地制度改革与创新力度，加快推动农地向骨干农户和农业组织经营体集中。为应对农业劳动力锐减、农业生产停滞和耕地撂荒加剧等问题，日本政府于 2003 年专门制定了《构造改革特别区域法》，首次允许包括公司在内的"农业生产法人之外的法人"参与农地流转。同时，为应对农业劳动力高龄化、妇女化与兼业化加剧问题，日本政府重新审视现行农地制度，于 2005 年颁布了《食品、农业与农村基本计划》，加快推进骨干农户培育和村落营农组织法人化进程。为促进撂荒农地的再开发利用，日本在《农促法》框架下开设了"特定法人出租事业"，进一步放宽农业生产法人的成立条件，首次对非农业生产法人开辟了农地流转之路。为保障土地顺利、有序流转，日本政府还从国家层面专门划拨土地集聚专项资金。专项资金主要涵盖对土地转出农户的财政补贴、对土地转入农户的财政补贴，并依据土地流转规模设定了不同的奖励扶持标准，有效地提升了土地流转效率和农户参与土地流转的积极性。此外，政府还通过制定农民年金制度以保障农民晚年生活，较好地解决了农民土地流转的后顾之忧。为加强农地流转的组织管理，日本还于 2013 年成立了"农地中间管理机构"，将农户手中细碎零散的土地进行集中整治，连片出租给具有规模化经营能力的农业经营主体，实现了农地集约和扩大经营规模双重目标。在日本系列法律政策推动下，土地流转集聚程度稳步提升，土地规模化经营逐见成效。

9.3.2 高度重视农业中小型机械化发展

日本现代农业装备水平高，突出体现在农业机械化的高度发展上。目前，日本已经完全实现了农业生产机械化，特别是水稻生产已实现了全程机械化，稻栽插和收获的机械化普及率分别达98%和99%。日本80%以上地形是山地和丘陵，山丘区耕地面积比重和农业产出比重均占据40%以上，农业资源环境的约束性促使日本农业机械化发展不同于欧美等国的大型农场机械化道路，日本注重适用于地块狭小零散的中小型农业机械设备研发，并因地制宜地将农机和农艺有机结合起来，在创造新工艺、新机具上不断取得突破和进展。日本中小型农机的高速发展对于缓解本国农业劳动力过度流失、农村人口老龄化和妇女化等问题做出了重要贡献，通过研发和推广系列适合于老年人和妇女操作的小型化、轻便化、智能化农业机械，促使在农业深度兼业化引致青壮年劳动力严重缺失的背景下，依然能够稳定基本农业生产，并为农地适度规模经营提供了有力的技术支撑。以小型拖拉机为例，同等耕地面积上日本小型拖拉机保有量是德国的45倍，是法国的35倍，是英国的80倍，确保日本农业劳均产值在农业GDP逐年趋减的压力下仍然表现出强劲的增长势头，从2005年的34.0919万日元升至2015年的67.9534万日元，10年内翻了一番。日本精细化农业机械还体现在促进生态农业发展上，如农业机械能将秸秆直接在田间进行粉碎和撒施，切实提高农田肥沃度；通过侧深施肥机提高肥料利用效率，有效减少面源污染，促使每公顷化肥施用量从348公斤降至223公斤，有效降低了农业生产成本和改善了农业生态环境。

9.3.3 培育多种形式农业规模经营主体

伴随着日本离农劳动力增多、骨干农户数量趋减和农业人口老龄化的日趋严峻，日本对农业规模经营主体的扶持政策也产生了相应变化。①逐渐淘汰效率低下的小农经营，鼓励家庭小农经营向互助式集体经营方式转变，互助式集体经营向法人化经营方式转变。政府不断放宽非农法人、企业等进入农业领域的限制，推动耕地加速向效率型、稳定型的农业组织经营体集中。从土地流转角度来看，日本组织经营体土地流转面积不断扩大，在土地流转总面积中的比重超过30%。组织经营体特别是法人化组织经营体的发展，更有利于传播农业新技术、吸引青壮年就业、拓展农业多功能性以及部分农业政策的执行，在外部资金筹措方面也有着家庭经营体不可比拟的优势，成为助推日本农业规模化发展的重要力量。②引导村落营农组织发展壮大。村落营农在不触碰所有权情况下，通过农地委托方式促成多个村落内零散土地的集聚，进行统一规划和分类耕作，在推动土地流转、大型机械使用、品种集中改良、农地管理及作物生产等方面表现出独特优势，促进实现了农业生产的规模化和服务的规模化。③日本政府积极鼓励小规模农户通过农地中介管理机构将土地租给有能力的农业经营者或农业法人组织，农地中介管理机构负责农地集中整治改良，确保高质量农地能够以相对低廉的价格流向适度规模经营主体，政府向土地流转双方均提供相应补贴。政府还为农业规模经营主体构建起了一系列配套保障措施，如农业贷款补贴、收入补贴、机械设备补贴、农地整治补贴、基础设施补贴等，涵盖了农业生产建设的方方面面，并为规模经营主体提供长期低息或无息贷款融资，促使各类经营主体能够更加专注于农业规模化经营。

9.3.4 全方位提升农业社会化服务水平

日本农业协同组合（以下简称农协）作为日本最具规模、功能最完善和发展历史最久远的民间组织，是农业社会化服务的中坚力量，对推动日本农业集约化、规模化和产业化发展产生了重大影响。与此同时，政府颁布的各项农业政策也是通过农协贯彻落实，可以说，农协与农民、政府之间形成了密切的农业共同体关系。作为农民自主经营的经济合作组织，农协最能够代表小农和超小农利益，切实根据农户实际需求提供农业生产性服务，业务范围涵盖了农业技术指导、农田基本建设规划、农业生产资料购置、农产品加工储运、产品代销、农业存贷款和金融保险服务等方面，在日本农业农村发展中处于举足轻重的地位。近年来，为解决农协影响力下降和小农竞争力持续低下问题，日本政府积极推动农协在组织形式、战略定位和服务功能等多方面变革，重点在降低农业生产资料成本、拓宽农产品流通渠道、改善基础性产业经营条件、破除农地流转阻力、开辟适应山丘区农业规模化新路径等方面求突破，在保护农户作为基本生产单位的前提下，更强调依赖农业各环节服务规模的扩大和服务质量的提升来促进实现农业规模经济效益，增强农业市场竞争力。

9.3.5　多层次开展农业农村人才培育

日本政府意识到仅依靠推动家族、村落、法人经营体改革促进农业发展是远远不够的，面对农业人口急速老龄化，必须采取多重举措培育多层次农业农村人才队伍，才能激发乡村振兴活力。鉴于此，日本政府积极倡导新增农业人才倍增计划，培育从事农业的新生力量。为激发青年人务农热情，日本农林水产省创设了青年务农补贴制度，对那些没有务农知识又愿意从事农业的青年，政府向其及雇佣者提供充沛的实践培训补贴。此外，政府还向新农民提供务农援助资金、拥有土地的优先权、农业技术培训援助、农业生产低利率融资、农业基础设施配备事业补贴、农业人口雇佣补助资金等多方面扶持，并积极改革农业保险政策，新拟定了农户收入保险制度。大部分为非农户出身的创业型新进入者，政府积极帮助他们解决转入农业生产所面临的实际难题，促其尽快投入农业生产中。同时，鉴于农业劳动力严重紧缺，日本不断加强对非农产业人才和国外人才在农业领域的利用，通过修订"国家战略特区法"为外国劳动力在日本从事农业事业扫除了制度障碍，构建起外国人在日本从事农业的法律政策环境。为吸引更多高素质、受教育的年轻人投入到农业生产中来，日本不断加大对智能型农业的开发力度，促进 ICT 技术和智能机器人技术与现代农业紧密结合，推动科技更好地替代传统劳动力，切实提高农业生产效率和减少人力成本，农业生产也不再枯燥乏味，农业生产环境更具舒适性和吸引力。

9.4　日本农地适度规模发展对吉林省的启示

综观日本农地适度规模发展相应举措、经验和教训对吉林省推进农地适度规模经营具有重要借鉴价值，得出以下可供吉林省借鉴的启示：

9.4.1　以行政配置资源的方式更好地推动适度规模经营

地价上涨、以农为本的文化传统和土地细碎化等问题使市场在配置农地资源方面经常出现失灵现象。尽管产权实现了清晰界定，但农地这一生产要素并没有在市场机制的作用下，自发流向生产效率更高的经营者。农地流转市场的失灵是造成日本持续五十多年推动农地集中但收效甚微的重要原因。与日本相似，中国的农地流转市场配置资源作用的发挥，同样受到地价上涨、以农为本的文化传统和土地细碎化等问题制约。为了推动我国农业的适度规范化经营，我国很有必要在继续完善农地流转市场的同时，更加注重通过行政方式来配置资源，以尽可能弥补农地流转市场的失灵。

9.4.2　注重农业新技术、新设备的使用，提高农业生产效率

日本政府非常注重农业新技术、新设备的使用，尤其是注重生物技术的使用，以改变土地贫瘠的状况。日本政府积极开展新品种技术、病虫害防治技术、测土配方施肥技术的推广工作，有效改进了农业生产的机械化水平，显著提升了日本家庭农场的整体经营绩效。在实践上，通过日本农协，帮助农民从品种选育到收获，从农产品到市场的全过程的生产体系，该过程包括了农田规划、播种、田间管理、收获、加工、流通上市。此外，农协还为地区农业提供统一的技术指导，针对当地农业发展特点进行农业科普教育，帮助农民获得最

新的农业生产技术，日本农协为日本农业科技推广起到了巨大的推动作用，这点非常值得借鉴。

9.4.3　发展适度规模经营不能一蹴而就、操之过急

自 1961 年以来，日本历届政府对推动农地流转做出了不懈努力。但半个世纪之后，实现流转的农地只占农地总面积的 3%，实现规模化经营的农地占比仅为 50.7%，且后续增长乏力，通过推动规模经营实现农户自立的目标依然任重道远。需要清醒地认识到，推进农地适度规模经营对吉林省同样是一个艰巨挑战。日本推动农地集中的漫长历程告诉我们，在农地细碎、农耕文化氛围浓厚的吉林省，推动农地集中必将是一个长期过程。在此过程中，不能一蹴而就、操之过急，防止贫富差距持续拉大。

9.4.4　提高家庭农场经营补贴，积极培育青年农场主

由于许多日本农村青年不再乐于务农，日本的农业政策有意培养年轻人，对不超过 45 岁的务农人员，给予培养经费补贴，用以提高农民的职业技能，培养了一批懂管理、会技术、适应现代信息社会的农业专业人才。此外，日本对农业经营者开办教育机构还给予资金支持，帮助其购买教学设施、农业机械设备，提高其办学能力。此外，日本还对农场经营给予补贴，日本政府建立了完善的规章制度和监管机构，严格控制金融资金的流向和使用，避免农业金融资金受趋利性影响而流入非农业用途或非农业生产部门。

9.4.5　以多种政策手段的组合，共同推动适度规模经营

虽然日本推动农地集中的努力收效甚微，但在推动农地集中的制度创新方面，不少做法和理念值得我国借鉴。一是补齐农村社会保障的短板，通过社保兜底，解除农民对流转农地的后顾之忧。日本在 1970 年建立了和农地流转规

模挂钩的农民年金制度，使农地出租方在收取租金的同时，还可享有年金补贴，这减轻了农民对流转农地的顾虑。吉林省也可以此为借鉴，在提供新型农村社会养老保险的基础上，以农地流转的面积和期限等因素作为重要的计算依据，建立相关的补充养老金制度，以此提高农民流转农地的积极性。二是建立差别化的补贴政策，为小农户流转农地施加外部压力。日本曾建立"认定农业者""跨产品经营安定对策"等制度，对达到一定生产规模的生产主体给予补贴，以此拉大不同经营规模的农业生产者的成本差距，迫使小规模农户流转农地。建议吉林省加大对适度规模经营的农业经营主体的补贴力度，以此向小规模的兼业农户施加外力，促使其向规模化农业经营主体流转农地。三是适时建立农地流转中介机构，并赋予其处理拟流转农地相关事宜的中间管理权。具体来说，可借鉴日本经验，通过该机构，在实现农地收储的同时，在不受农地出租方干预的情况下，本着推动农地集中的目标，自主选择转入方。同时，政府可通过第三方，对其流转规模、服务质量等进行评估，并给予相应的资金支持，以此提高其推动农地流转的积极性。

第10章 吉林省农地适度规模经营的政策建议

吉林省发展农地适度规模经营以保障国家粮食安全、促进农业增效和农民增收为目标，以连片治理土地为基础、扶持新型农业经营主体为抓手、提高社会化服务为支撑，发展多种形式的适度规模经营，引导农业集约化、专业化、组织化、社会化发展，推动一二三产业融合互动，不断提高劳动生产率、土地产出率和资源利用率，推动农业发展方式转变和农业现代化进程。

在此过程中吉林省应因地制宜，试点探索，一切从实际出发，合理确定经营规模，不贪大求全。以家庭承包经营为基础，推进家庭经营、集体经营、合作经营、企业经营等多种经营方式共同发展，鼓励多种形式的试点探索。通过政策引导和项目约束，确保适度规模经营不改变土地用途、不损害农民权益、不破坏农业综合生产能力和农业生态环境。立足农业综合开发职能，找准推进适度规模经营的着力点和结合点。发挥综合开发的优势，田水路林山综合治理，农工贸、产加销一体化经营，一二三产业联合开发，积极探索发展适度规模经营的有效途径。破除体制机制障碍，发挥财政资金的引导和杠杆作用，通过贷款贴息、先建后补、股权投资等措施，带动金融和社会资本投入农地适度规模经营。

10.1　推进吉林省农村土地制度改革创新

农村土地制度改革事关农民、农业、农村，是做好"三农"工作的重中之重，是全面推进乡村振兴的加速器。是推进农村土地制度改革、推进乡村振兴的必然条件。农村土地改革制度的推进能够使得农民全面发展、农业全面升级、农村全面进步，加速新时代乡村振兴新进展。在总体规划之上，政府可以调整优化村庄用地的布局，用于发展吉林省农地适度规模经营。

10.1.1　夯实土地和宅基地确权登记等基础性工作

加快推进与改革试点密切相关的土地调查、确权登记、规划编制等基础工作。在把握好政策导向的基础上，应立足农民自愿，搞好与确权登记颁证有机结合、有效衔接。对在确权登记后又进行互换并地的地区，应允许按照互换并地结果进行新的确权登记颁证，所需经费应由地方财政承担。对违法违规占用宅基地、多占强占宅基地的问题进行查处，为进行产权改革奠定基础。要深入推进宅基地所有权、资格权、使用权分置改革，落实宅基地集体所有权，保障宅基地农户资格权和农民房屋财产权，适度放活宅基地和农民房屋使用权。细化设置宅基地各种权能，为宅基地的获取、流转、使用、收益提供产权基础。细化农户资格权的认定标准，切实保障农民的居住权利。加强对镇村两级规划编制的指导监督，探索农村规划多规融合，允许试点地区在一定范围内调整规划，保障村规划编制经费。加快推进"房地一体"的农村集体建设用地确权登记颁证工作，本着"尊重历史、面向现实"的原则出台更为宽松的确权登记发证政策，妥善解决集体经营性建设用地和宅基地历史遗留问题。

稳定土地流转，完善相关法律法规。建立完善现有土地流转服务平台，加强土地流转服务和管理。建立基层土地信托服务中心，为土地流转创造良好的环境和平台。明确土地流转政策边界，依据农业产业发展规划等加强项目监管和土地用途管制，遏制耕地流转的"非农化"。

10.1.2　始终坚持市场化改革方向

土地是资源，也是要素，在农村土地制度改革过程中，始终坚持发挥市场在资源配置中的决定性作用，更好地发挥政府作用，提高土地利用效率。以市场导向配置土地资源，引导土地向种田能手和新型农业经营主体流转，发展多种形式适度规模经营；同时，强化政府的公共服务，完善农村土地法律政策，促进土地资源保护有效、流动有序。通过市场这只"看不见的手"和政府这只"看得见的手"各司其职、优势互补，激发市场活力。

10.1.3　完善土地流转风险防范机制

创新土地流转风险防范制度，加快构建贯穿流转全过程的风险防控体系。流转前，建立业主资格审核制度。交易时，建立业主预付租金或保证金制度。流转后，建立多方参与的流转履约风险分担机制。因地制宜总结推广土地流转履约保证保险、政府出资组建风险补偿基金、成立专门公司负责再次流转违约土地经营权等创新性经验和做法，探索建立土地流转风险市场化防范机制。加强吉林省土地流转推进工作的顶层设计，系统化、集成化推进改革，做好与户籍、财税、社保、金融等相关领域的衔接配套，强化相关领域支撑合力。加强对基层干部、广大群众的宣传引导，使土地流转工作健康、有序推行，防范土地流转风险。

完善农业保险制度和风险防范机制，解决各类经营主体的后顾之忧。农业生产面临着较大的自然风险、市场风险和质量安全风险等，收益波动往往较大。在农产品市场逐渐对外开放的背景下，吉林省农产品市场面临的竞争压力也在不断增加。目前，我国农业保险制度不健全，尤其是农业重大灾害保险还不完善。因此，应加快普及和完善各项农业保险制度，逐渐建立健全农产品期货市场，强化对农业生产各个环节的监督管理等，为各类经营主体降低由于自然灾害、市场波动以及质量安全等导致的损失，降低经营风险。

10.1.4　探索完善土地承包经营权退出机制

建立土地承包权回购机制，可由地方政府推动政策性银行发放中长期贷款，用于村集体回购土地承包权；以土地租金作为还款来源，农业信贷担保公司提供增信支持，财政部门给予担保贴息。还可进一步将所退土地统一整理，完善基础设施、改善生产条件、提高地力和租金，从而降低还款压力。现阶段，土地承包经营权可由村集体回购，也可转让给本集体经济组织其他成员，但不能转让到本集体经济组织以外。土地承包经营权退出为离土进城农民提供了灵活的资产处置方式，有积极的现实意义。但这部分农民目前还是少数，从目前的情况判断，通过"退出"实现土地规模经营将是一个很长的历史过程。下一步，需要选择改革条件比较成熟的地方进一步扩大试点范围，积累经验。同时，推动完善顶层设计，加快法律法规的制修订，通过创新制度、完善政策深化改革探索。

10.2　以建设高标准农田为载体推进适度规模经营

建设高标准农田，是推动农业转型升级的有效手段。集中连片建设高标准农田，不仅可以为绿色技术的推广创造条件，还能促进水、肥、药等农业投入品减量增效，推动农业绿色发展，让广大乡村变成"看山望水记乡愁"的美丽家园。而通过以规模化的高标准农田替代碎片化的零散耕地，也有利于提升农业规模效益，提升农业机械化水平，提升农业组织化程度，显著提高农业综合效益，推动农业发展转型升级。

合理规划高标准农田项目区，加强农业基础设施建设，显著改善农业生产条件，使地平整、田肥沃、渠相通、路相连，为促进土地经营权有序流转，实现统一农机化作业、推广良种良法、生产管理以及产品销售创造条件。鼓励农垦集团、龙头企业等法人实体以及农民合作社、家庭农场、专业大户等新型农业经营主体，通过贷款、融资担保等方式获取资金开展高标准农田建设，发展生产技术先进、经营规模适度、市场竞争力强、生态环境可持续的现代农业。对用于高标准农田建设的贷款，中央财政予以贴息。拓宽融资渠道，除政策性银行外，把商业银行、农村信用社等金融机构贷款也纳入贴息范围。允许采取银行贷款、财政补助、自筹资金"三位一体"、贷补结合方式，吸引金融资金投入高标准农田建设，进一步加快建设进度。

继续开展高标准农田建设财政补助形成资产交由农民合作社特别是土地股份合作社等新型农业经营主体持有和管护试点，扩大试点范围，跟踪试点成效，及时总结经验。建立依托新型农业经营主体推进高标准农田建设、使用、管护一体化的新机制，保证农业综合开发建设成果长期发挥效益。

发挥部门项目行业优势和示范作用。把部门项目纳入农业综合开发全局和各部门工作大局中统筹考虑，推进部门项目与地方组织实施项目有机结合，提高整体建设水平。加强中型灌区节水配套改造项目建设，力争实现与高标准农田建设同步规划设计、同步建设实施、同步发挥效益。进一步调整部门项目扶持重点，优化支出结构，更好地发挥示范引导作用，推进吉林省农地适度规模发展。

10.3 培育新型农业经营主体作为适度规模经营的主力军

新型农业经营主体是建设现代农业的骨干力量,要加快培育。因此,要引导和鼓励农民以土地经营权入股,建立土地股份合作社,实行土地股份合作经营或委托经营;引导和鼓励龙头企业多种模式,发展农地适度规模经营,实现土地、资金、技术、劳动力等生产要素的有效配置,推进农业产业链整合和价值链提升,让农民共享产业融合发展的增值收益;引导和鼓励专业大户、农技人员等成立家庭农场,或牵头组建农民合作社,开展生产合作、信用合作和供销合作。培育农村新型农业经营主体是实现农业规模化和农业现代化的关键举措;是更好落实农业农村优先发展和乡村振兴战略,解决人民日益增长的对美好生活的需要与农业领域不平衡、不充分发展之间矛盾的必由之路。

10.3.1 加大政府扶持力度,整合项目资金

继续扶持一批省级示范家庭农场、农民合作社示范社做大做强。支持有实力的新型农业经营主体承担农业建设项目,完善生产、加工、流通等配套设施。整合多部门涉农项目资金,完善农村基础设施建设,为壮大新型农业经营主体创造良好硬件环境。加大财政资金对新型农业经营主体的扶持力度,财政资金在直接支持的同时,应落实关于新型农业经营主体的税收优惠和减免政策,加大财政配套的金融税收支持。强化财政扶持,破除融资约束,激发各类经营主体的发展活力。融资难是各类经营主体发展面临的普遍障碍,要通过财政补贴和创新金融制度,给予各类经营主体一定的资金支持和金融政策支持。加大信贷支农的力度,通过"金融输血"和"金融造血",进一步激发新型经

营主体的发展活力。

10.3.2　创新组织形式，破解制度约束

创新组织形式，破解制度约束，增强各类经营主体的市场竞争力。具体而言，可以通过土地入股、资金入股、资产入股和技术入股等方式，创新经营主体的联合形式；通过"园区农业"、专业合作社和社会化服务超市等方式，创新农业生产和服务组织形式；通过"农超对接"、农业品牌建设和质量认证等方式，创新农产品的销售组织形式，最终提升各类经营主体的市场竞争力。

10.3.3　加大投入力度，加强基础设施建设

各级财政支持的各类小型基础设施项目，优先安排农村集体经济组织、农民合作组织等作为建设管护主体。鼓励推广政府和社会资本合作模式。鼓励新型农业经营主体合建或与农村集体经济组织共建仓储烘干、晾晒场、保鲜库、农机库棚等农业设施。根据实际情况，在年度建设用地指标中优先安排新型农业经营主体建设配套辅助设施，并按规定减免相关税费。允许新型农业经营主体依法依规盘活现有农村集体建设用地发展新产业。新型农业经营主体发展农产品初加工用电执行农业生产电价。建立农业用水精准补贴机制和节水奖励机制，在完善水价形成机制的基础上，对符合条件的新型农业经营主体给予奖补。

10.3.4　强化规范管理，推动长效发展

发挥政府引导作用，加强人才、技术、资金等资源整合力度，引导优势产业集群集聚发展。进一步做大、做强、做实、做优农业龙头企业，延长农业产业链，增强辐射带动能力，推动农业优势产业集群发展。推动一批基础好、有发展潜力的龙头企业进行上下游产品加工的联合与合作，优化整合农业产业

链，促进龙头企业转型升级，增强龙头企业经营实力。实施品牌经营战略，让新型经营主体能够"走出去"，在市场竞争中立足。引导发展土地股份合作，以"企业＋农户""基地＋农户""合作社＋农户"等形式为主要抓手，鼓励农民以转包、出租、互换、转让、股份合作和联合经营等形式流转土地，明确新型经营主体与农户之间的权益与责任，建立两者之间紧密利益联结机制，让农民分享加工和流通环节的利润。

10.3.5 开展分类指导和典型示范，激发各类经营主体的发展动力

对多元化的农业经营主体要进行分类指导和典型示范，因地制宜地发展一批符合当地特点的经营主体。对于粮食主产区应该鼓励发展种粮大户；集体经济基础好的地区应该鼓励发展集体经济合作社；专业性和合作性比较强的农业生产领域应该鼓励发展专业合作社；农业技术要求比较高的领域，应该鼓励发展农业企业；社会化服务要求高和联合性比较强的领域，应该鼓励发展新型产业联合体。目前，小农户仍然是吉林省农村人口的主体，其发展关系到绝大多数农村居民的生存问题，因此一定不能放弃小农户。要实现小农户和新型农业经营主体相互融合，实现共享发展。

10.3.6 完善金融保险政策，拓宽融资渠道

充分发挥农业政策性银行在农村金融中的骨干作用，规范金融机构农业融资收费，简化农业融资手续，缩短放贷周期，提高融资效率。完善金融市场配套法律法规，支持符合条件的农业产业化龙头企业上市融资等，多元化拓宽新型农业经营主体融资渠道。同时，由政府推动完善农业政策性保险，通过税收减免、财政补贴等措施，鼓励商业性保险公司扩大对新型经营主体的保险覆盖面。

10.4 深化农业产业化经营，促进农地适度规模发展

发展农业产业化经营，可以促进农业和农村经济结构战略性调整向广度和深度进军，有效拉长农业产业链条，增加农业附加值，使农业的整体效益得到显著提高，可以促进小城镇的发展，创造更多的就业岗位，转移农村剩余劳力，增加农民的非农业收入；可以通过农业产业化经营组织与农民建立利益联结机制，使参与产业化经营的农民不但从种、养业中获利，还可分享加工、销售环节的利润，增加收入。在农业产业化经营促吉林省农地适度规模经营方面，坚持以农业项目建设、龙头企业发展、一村一品建设、银企对接、招商引资等重点工作为抓手，努力创新联结机制，延伸产业链条，促进合作经营，使农业不断向规模化、标准化、产业化方向发展。

农业产业化经营是在家庭承包经营基础上实现农业现代化的有效途径，开辟了在小规模家庭经营基础上，有效吸纳先进生产要素，提高农业整体规模效益的新途径。

10.4.1 探索用土地经营权入股发展农业产业化经营，助推规模化发展

引导土地经营权有序流转，鼓励具备条件的地区制定扶持政策，引导农户长期流转承包地并促进其转移就业。鼓励农户以土地经营权入股家庭农场、农民合作社和龙头企业发展农业产业化经营。支持家庭农场、农民合作社和龙头企业为农户提供代耕代种、统防统治、代收代烘等农业生产托管服务。经过对土地经营权作价入股，加入农民专业合作社、农业公司，结合扶贫资金等发展农业产业。鼓励实行"保底收益＋按股分红"的办法，让农户特别是贫困户在土地经营权入股中有稳定收益的同时，还能促进吉林省农地适度规模经营的

发展。

10.4.2　延伸产业链条，提升产业链价值

农业产业化源头是农户、终端是市场，完整的产业链条能及时传导市场信息，带动农户规模化生产适销对路的农产品。继续完善产业化经营项目财政补助和贷款贴息政策，通过对农产品生产基地、产地初加工、精深加工、流通服务体系等环节的扶持，形成全产业链生产，让农民和新型农业经营主体放心发展规模化、标准化、专业化生产基地。支持龙头企业与合作社、农民建立紧密的利益联结机制，实现合理分工，让农民从产业链增值中获取更多利益。引导农业产业化联合体围绕主导产业，进行种养结合、粮经结合、种养加一体化布局，积极发展绿色农业、循环农业和有机农业。推动科技、人文等要素融入农业，鼓励农业产业化联合体发展体验农业、康养农业、创意农业等新业态。鼓励龙头企业在研发设计、生产加工、流通消费等环节，积极利用移动互联网、云计算、大数据、物联网等新一代信息技术，提高全产业链智能化和网络化水平。

10.4.3　完善扶持政策

放宽立项门槛，将在工商部门注册登记的种养大户、家庭农场、农业社会化服务组织纳入扶持范围，实现对新型农业经营主体的全覆盖。合理引导工商企业到农村发展良种种苗繁育、高标准设施农业、规模化养殖等适合企业化经营的现代种养业。优化政策配套。落实中央各项支持政策，培育壮大新型农业经营主体。

落实用地保障，落实促进现代农业、新型农业经营主体、农产品加工业、休闲农业和乡村旅游等用地支持政策。指导开展村土地利用规划编制，年度建设用地计划优先支持龙头企业、农民合作社和家庭农场等新型农业经营主体建

设农业配套辅助设施、开展农产品加工和流通。对新型农业经营主体发展较快、用地集约且需求大的地区，适当增加年度新增建设用地指标。对于引领农业产业化联合体发展的龙头企业所需建设用地，应优先安排、优先审批。

10.4.4　探索产业化资金投入新机制

探索利用股权投资基金、股权引导基金等方式，引导社会资本投入农业综合开发，共同扶持壮大农业产业化龙头企业。加大贷款贴息扶持力度，撬动更多金融资本投入农业产业化发展。扩大产业化经营项目"先建后补"试点，探索财政资金扶持农业产业化发展的有效模式。

加大金融支持，鼓励地方采取财政贴息、融资担保、扩大抵（质）押物范围等综合措施，努力解决新型农业经营主体融资难题。鼓励银行、保险等金融机构开发符合农业产业化联合体需求的信贷产品、保险产品和服务模式。积极发展产业链金融，支持农业产业化联合体设立内部担保基金，放大银行贷款倍数。与金融机构共享农业产业化联合体名录信息，鼓励金融机构探索以龙头企业为依托，综合考虑农业产业化联合体财务状况、信用风险、资金实力等因素，合理确定联合体内各经营主体授信额度，实行随用随借、循环使用方式，满足新型农业经营主体差异化资金需求。鼓励龙头企业加入人民银行征信中心应收账款融资服务平台，支持新型农业经营主体开展应收账款融资业务。鼓励探索"订单＋保险＋期货"模式，支持符合条件的龙头企业上市、新三板挂牌和融资、发债融资。鼓励具备条件的龙头企业发起组织农业互助保险，降低农业产业化联合体成员风险。

10.4.5　推进两类项目有机结合试点工作

按照"依托龙头建基地、围绕基地扶龙头"的要求，推动土地治理和产业化经营两类项目有机结合，将两类项目统筹规划、合理布局、组合实施，最大限度发挥农业综合开发资金的集成和示范效应，着力打造区域农业优势特色产业集群，提高农业竞争力，明显促进农业增效和农民增收。引导加工、流通领域龙头企业向产业园区集中，以产业基地（园区）为平台，提高产业集中度和企业集聚度。支持龙头企业采取订单农业、"企业＋合作社""企业＋农户"等模式，带动农户发展规模化生产。

10.5　重视农业机械化发展

10.5.1　推进生产全程机械化

吉林省主要大田农作物机械装备、集成配套以及生产全过程各环节机械化技术配套，大力推进吉林省主要农作物生产全程机械化。聚焦粮食主产区，巩固提高深松整地、精少量播种、水稻机械化育插秧、玉米机收、大豆机收等环节机械化作业水平，解决高效植保、中耕施肥、节水灌溉、烘干、秸秆处理等薄弱环节机械应用难题，加快构建标准化、区域化、规模化的全程机械化生产模式。在吉林省建成一批主要农作物生产全程机械化示范县（场），推进有条件的省份和垦区率先基本实现全程机械化，支持粮改饲试点省份率先实现饲草料主要品种生产机械化。

10.5.2　加快农业机械化科技创新步伐

坚持创新驱动，以支撑农业机械化供给侧结构性改革为主要目标，聚集优势资源、强化创新基础、推进联合协同、提升创新能力、主攻薄弱环节、推进集成配套，增强先进适用、安全可靠、绿色环保、智能高效机械化技术的有效供给，切实改变不同程度存在的"无机可用""无好机用""有机难用"局面。

紧盯薄弱环节和空白领域，加快大型拖拉机、高效联合收获机、复式作业机具、一机多用产品等中高端、多功能农机装备研发应用，加大丘陵山地适用机械、设施园艺机械、草牧业关键机械科技攻关，提升农机装备信息收集、智能决策和精准作业能力。

围绕改善农机应用条件、强化机具供给和活化作业服务机制，开展丘陵山区农业机械化发展扶持政策的研究和创设，支持引导丘陵山区省份农业机械化取得跨越式发展。结合建设高标准农田，加大土地平整力度，打掉田埂、连片耕种，解决土地细碎化问题，配套建设机耕道、生产路、农机下田坡道等田间基础设施，方便农机作业，提高机械化水平和生产效率。积极争取各级财政投入和科技计划项目，支持丘陵山区农业机械化科技创新，鼓励引导农机制造企业加强丘陵山区适用机具研发供给，有效解决无机可用问题。创新丘陵山区农机社会化服务机制，积极发展农机合作社等经营服务组织，提高丘陵山区农机作业组织化水平，引领多种形式适度规模经营发展。

实施"互联网＋"农业机械化，促进信息化与农机装备、作业生产、管理服务深度融合。支持在大中型拖拉机、联合收获机、深松机等重点机具上装配智能信息装备，鼓励农机制造品牌企业加快基于北斗系统的农机作业和工况监测终端研制集成与应用步伐。开展农机精准耕作示范，推广自动驾驶、变量作业系统，倡导农机制造流通品牌骨干企业建立机械化信息化融合示范农场。着力推进农业机械化大数据应用，提升农机试验鉴定、技术推广、安全监理信息化建设水平。着眼于提高农机社会化服务的效率效益，支持鼓励农机管理部门、生产流通企业、社会服务组织、农机合作社开展市场供需对接、机具调度、服务保障等方面的信息化服务平台建设。

10.5.3　协调大型与中小型农业机械兼顾发展格局

坚持问题导向，着力解决各产业各区域间农业机械化发展不平衡以及机械增长与效率效益不协调问题。着眼于不同区域，兼顾大马力、高性能、复式农业机械与兼顾中小马力、轻便型、智能型、经济型农业机械，提高农机装备供给全面性；在重点发展主要农作物生产机械化的同时，协调推进设施农业自动化、重要农产品初加工机械化，提高农机作业服务领域的全面性。加强区域农机作业需求分析，促进局部地区季节性农机作业供需平衡，控制基本饱和的农业机械适度发展，提高农机装备利用率。

10.5.4 强化队伍建设，提高自身素质

农民受传统思想的影响，一般都会认为很多农业机械没必要投入，因为自己有使不完的力气，买了机械相当于增加了成本，不值得。所以，这就需要农机、农艺等有关部门能够定期去农村进行技术宣传，认真分析农业机械的特点，让农民真正认识到农业机械应用的甜头，从而激发他们的内在需求。与此同时，也要让农民真正会使用这些机械，提高自身的生产技术水平。

农业机械化的推进，需要懂技术的服务人员。这本身需要我们要走向田间地头，了解农民的需求，认真研究开发一些低成本高产出的农业机械，让农民的辛苦付出真正有利可图。这样也会极大加强农民的种植积极性。不仅如此，我们的研究开发也可以与一些农机企业进行合作生产，本身也有一定的经济效益。

10.5.5 扩大绿色环保机械化技术推广应用

坚持生态优先，充分挖掘农业机械化推进农业可持续发展的潜力。紧紧围绕"一控两减三基本"的目标，加快深松整地、保护性耕作、精准施药、化肥深施、节水灌溉、秸秆机械化还田收贮、残膜机械化回收利用、病死畜禽无害化处理及畜禽粪便资源化利用等机械化技术的推广应用，积极发展农用航空。大力推广环保节能型农业动力装备，加快淘汰能耗高、污染重、性能低的

老旧机械。积极引导农机手加强机具保养和使用管理，提高农民接受和应用资源节约型、环境友好型、生态保育型机械化技术的积极性和自觉性。

10.5.6　巩固提高农机社会化服务质量效益

坚持改革创新，推进农机社会化服务，促进农业生产性服务业发展。培育壮大农机合作社、农机作业公司等农机经营服务主体，鼓励引导农机合作社在服务内容上向综合化拓展，在组织管理上向规范化发展，在市场竞争中向品牌化提升。引导农机合作社通过多种形式开展便捷的社会化服务，带动先进农业技术推广应用和适度规模经营发展。支持培养农机作业能手、维修能手、经营能手，扩大农业机械化就业创业空间。加快提高农业机械化公共服务能力，合力促进农机作业市场、维修市场、流通市场发展壮大。大力推进农机具存放设施建设。

积极改善农机监理机构装备服务条件，提高农机安全生产公共服务质量。深化农机推广鉴定制度改革，强化鉴定针对性、创新性、规范性和开放性。加强在用特定农机产品质量调查，进一步推进农业机械化标准体系建设，完善拖拉机驾驶培训学校管理及农机维修管理制度。

完善农机经营服务主体的管理服务方式，创建一批集农业生产与农机服务于一体的机械化家庭农场、农机合作社和农机作业公司，建设一批保障能力强、节能减排技术应用到位的农机维修服务示范点。制定农机合作社规范化建设指南，开展农机合作社示范创建活动，打造一批有完善装备设施、有良好运行机制、有健全管理制度、有较大服务规模、有显著综合效益的"五有"型合作社。引导社会资本投资建设多功能农机综合服务中心。健全新型职业农机手教育培训体系，大规模培训农机合作社理事长、农机手和维修工等农机实用人才。

10.5.7　农机作业保障条件增强计划

配合实施高标准农田建设工程，推动开展机耕道、机具存放设施建设，基本实现8亿亩高标准农田农机作业无障碍。建设区域农机安全应急救援中心，提高快速救援、维修和作业实时监测能力，切实保障农忙季节跨区作业机具安全有序流动、故障及时解除和事故有效处理等。探索建设集农机作业信息获取、作业计量、远程监管、应急指挥等于一体的农机作业安全监控平台。推动建设国家农业机械试验鉴定中心，持续改善农业机械试验鉴定条件。开展农垦农机标准化农场创建活动，建设农垦标准化机务区，提高农垦农机示范带动能力。

10.6　加强社会化服务水平，为农地适度规模发展提供保障

完善农业社会化服务体系，培育新型农业社会化服务主体。以新型经营主体为依托，推进新型农业社会化服务体系建设，实现小农户和现代农业发展有机衔接。对新型经营主体领办农机服务、统防统治、抗旱排涝、技术培训等方面予以扶持。支持高等院校、科研院所与新型经营主体共建科研与农业技术推广生产基地，通过推行技物结合、农业高产创新、农机农艺结合、全程服务等模式，加大农业科技成果转化和推广投入，支持新型经营主体引进推广新品种、新技术、新设备，提高标准化、规模化水平。

强化农业的基础设施和公共服务建设。吉林省农业现代化程度不高的原因之一是农业基础设施相对落后，农业公共服务相对滞后。这就需要建立现代化的农业服务体系：其一，需要加大在农业电力、水利、道路等基础设施方面的

投资力度，加快改善公共服务条件。其二，需要创新体制机制，加强农业服务体系社会化建设，将农业生产体系和市场进行有效对接，形成产前、产中、产后一体化的服务体系，鼓励企业和其他组织参与生产技术、气象信息、市场信息、品牌建设等领域的开发。

支持农民合作组织开展社会化服务。发挥农民合作社、专业技术协会、涉农企业等各类合作组织的作用，支持其为农业生产经营提供低成本、便利化、全方位的服务。鼓励项目区农户组建用水户协会，合理收取水费，为农田灌排用水、设施管护提供低成本、便利化服务。加强部门项目建设，以新型农业经营主体为载体，推动全程社会化服务体系建设，扩大新型农业社会化服务特别是土地托管服务试点项目建设。

搞好农业科技示范推广服务。支持采用政府购买社会服务方式，在项目区大面积集成推广高产高效、生态安全的品种技术，把科技推广与规模开发更加紧密结合起来，努力把项目区建成现代农业科技示范区。允许新型农业经营主体自主选择科技示范推广依托单位，推动其与大专院校、科研院所直接合作，实现供需对接、"研技推"有机融合的科技推广模式。

加强农产品市场流通服务体系建设。加大对农产品流通环节扶持力度，支持农业产业化龙头企业发展仓储及冷链物流设施，向乡镇和农村延伸生产营销网络。探索对农产品电子商务的支持政策，支持企业建立电子商务平台及信息化建设。发挥供销社扎根农村、联系农民、点多面广的优势，与农民开展合作式、订单式生产经营服务，搞好产销对接、农社对接，提高服务的规模化水平。

农业是一个典型的依赖多要素提供产品的产业，依赖土地和劳动力、农业机械、农药、化肥等现代要素投入，以及农业生产的产前、产中、产后的各环节服务。产业链条长，在自然条件下的副作用就是分散和低效。

农业生产的大多数服务环节，从传统的农资供应、农机耕作、农作物播种与收割、统防统治，到良种推广、测土配肥、技术培训，再到农产品储藏、物流与销售等，都适宜采取规模化集中供给的方式。在农户农地经营规模难以大幅度扩大的约束下，吉林省农业将更加依赖农业各环节服务规模的扩大和服务水平的提高，来实现农业的规模报酬，通过服务规模的高效来提升农业的效率，提高农业产业的竞争力，在现行农业各要素禀赋条件下，推进农业服务规模化的潜力巨大，应是未来吉林省农地规模化发展的主要方向和着力点。

10.7 大力培育农业人才，满足农地适度规模经营需要

培育农村现代经营管理和技术人才，为各类经营主体发展提供人力资本支持。现代农业发展需要掌握农业技术、懂经营管理并且愿意扎根农村的优秀人才。面对农村人口空心化和老龄化等问题，需要通过教育政策、待遇政策和公共服务政策配合，实现农村和城市人口的双向流动。鼓励有志在农村发展的青壮年投身农业现代化建设，培育一批懂技术、会管理的农业职业经理人。

采取多种形式，加大新型职业农民培训力度。借助现代通信方式，利用微信、微博、远程教育或 App 客户端等多种资源形式，将新型经营主体的管理者、成员等纳入"新型职业农民培育""农村青年电商培训计划""贫困村创业致富带头人培训工程"等培训工程，通过现场教学、远程教育等多种方式加快培育更多适应现代农业发展需求的新型职业农民。

参考文献

［1］北京习近平新时代中国特色社会主义思想研究中心．鼓励新型农业经营主体实现适度规模经营［N］．经济日报，2018－12－19（011）．

［2］曹莉．促进农地适度规模经营的几点建议［J］．河南财政税务高等专科学校学报，2019，33（5）：37－38.

［3］陈翠蓉．福建农户水稻种植规模经济实证分析［D］．福建农林大学，2016.

［4］陈鼎红．吉林省十县（市）农用地流转特征及影响因素分析［D］．东北师范大学，2014.

［5］陈南旭，狄蓉．农地适度规模经营视角下中药材种植规模研究——以甘肃省定西市为例［J］．西北师范大学学报（自然科学版），2020，56（3）：127－134.

［6］陈彦彦．对农业适度经营规模之收入测算法的讨论——基于对江苏和上海的调研［J］．佳木斯大学社会科学学报，2018，36（5）：77－80＋88.

［7］陈艳红．对东北地区农村土地适度规模经营的思考［D］．东北师范大学，2007.

［8］陈艳艳，黄义忠．哀牢山区土地适度规模经营实证研究——以新平县漠沙镇蔬菜种植为例［J］．山东农业大学学报（社会科学版），2019，21（1）：79－84.

［9］陈艳艳．哀牢山区农业土地适度规模经营与风险控制研究［D］．昆明理工大学，2019.

［10］迟超楠．基于生产效率视角的菏泽市农户土地适度规模经营研究［D］．西北农林科技大学，2016.

［11］褚茜．东北地区典型农场现代农业生产适度规模研究［D］．湖北大学，2017.

［12］段约红．多目标视角下农户土地适度规模经营研究［D］．西北农林科技大学，2019.

［13］付文秀．农地适度规模经营研究［D］．山东财经大学，2018.

［14］韩成玉．农村土地确权对农地适度规模经营的影响研究［J］．山西农经，2019（1）：88.

［15］何秀丽，刘文新．东北农地适度规模经营形势及发展策略研究［C］．中国地理学会经济地理专业委员会．2019年中国地理学会经济地理专业委员会学术年会摘要集．中国地理学会经济地理专业委员会：中国地理学会，2019：61.

［16］何秀丽，刘文新．东北农地适度规模经营形势及发展策略研究［J］．智库理论与实践，2019，4（6）：21－29.

［17］侯荣娜．东北地区农地适度规模经营路径选择［J］．商业经济研究，2015（10）：128－130.

［18］侯亚南，倪锦丽，郭庆海．吉林省松辽平原农户土地适度规模经营预测分析［J］．吉林农业大学学报，2007（6）：710－714.

［19］胡柳．农户耕地经营规模及其绩效研究［D］．华中农业大学，2010.

［20］黄善林，张羽鑫，侯淑涛，杜国明．东北地区农地经营规模对农民农业收入的影响研究［J］．干旱区资源与环境，2016，30（5）：36－40.

［21］霍瑜．土地规模经营农户的农业科技需求问题研究［D］．华中农业大学，2018.

［22］吉媛．农地适度规模经营测度研究——基于国际水稻种植数据的门槛回归分析［J］．价格理论与实践，2019（2）：80－83.

［23］江苏省扬州市江都区供销合作．促进农地适度规模经营创新农业社会化服务方式［N］．中华合作时报，2018－06－26（A06）.

［24］姜天龙．吉林省农户粮作经营行为和效率的实证研究［D］．吉林农业大学，2012.

［25］姜宇博，李爽．粮食主产区农机合作社生产效率与适度规模经营研究——以黑龙江省玉米生产为例［J］．农业现代化研究，2016，37（5）：902－909.

［26］孔令成．基于综合效益视角的家庭农场土地适度规模研究［D］．西北农林科技大学，2016.

［27］孔燕．东北地区农地适度规模经营研究［D］．辽宁大学，2018.

［28］郎秀云．家庭农场：国际经验与启示——以法国、日本发展家庭农场为例［J］．毛泽东邓小平理论研究，2013（10）：36－41＋91.

［29］李红．东北地区农地流转影响因素分析及驱动机制研究［D］．东北农业大学，2015.

［30］李佳．吉林省土地适度规模经营问题分析［J］．才智，2016（17）：272－273.

［31］李静．粮食生产型家庭农场适度规模研究［D］．安徽大学，2016.

［32］李明川，于博洋．农地适度规模经营发展对策探究——以贵州省盘县为例［J］．绿色科技，2018（16）：309－311.

［33］李琴，李怡，郝淑君．农地适度规模经营的分类估计——基于不同地形下不同地区的测算［J］．农林经济管理学报，2019，18（1）：101－109.

［34］李宪宝．沿海地区适度规模现代农业实现路径研究［D］．中国海洋大学，2012.

［35］李晓珏．家庭农场规模与结构的选择研究［D］．江西财经大学，2019.

［36］刘宝庵，郭庆海．吉林省"三化"统筹中的农业土地规模化经营问题［J］．中国集体经济，2012（28）：10－11.

［37］刘大翠．遂宁市粮食生产适度规模经营现状分析［J］．四川职业技术学院学报，2016，26（5）：60－62.

［38］刘吉双，衣保中，叶婷．日本土地适度规模经营下现代农业走向研究——基于日本北海道札幌市南幌町的案例分析［J］．世界农业，2018（11）：33－39.

［39］刘倩．农地适度规模经营的必然性及实现路径［J］．农业经济，2020（2）：14－15.

［40］刘强．中国水稻种植农户土地经营规模与绩效研究［D］．浙江大学，2017.

［41］刘巧凤，赵建成，王静霞．发展农地适度规模经营的必要性及有效途径［J］．山西农经，2018（19）：56.

［42］刘庆民．积极培育新型农业经营主体发展多种形式适度规模经营［N］．渭南日报，2019－09－10（003）.

［43］刘蓉．关于中国农地适度规模经营的思考——基于文献综述的视角［J］．生产力研究，2019（12）：54－58.

［44］柳晓倩，王长安，伍骏骞．农地适度规模经营：CES 生产函数下的解释［J］．中国农业资源与区划，2018，39（9）：87－93.

［45］柳拥军．农地适度规模经营存在的问题及建议［J］．现代农业科技，2019（17）：253＋261.

［46］罗丹，李文明，陈洁．粮食生产经营的适度规模：产出与效益二维视角［J］．管理世界，2017（1）：78－88．

［47］罗玉峰．粮食规模经营对土地产出率的影响研究［D］．南京农业大学，2017．

［48］马宏山．吉林省土地流转与规模化经营研究［D］．吉林大学，2018．

［49］毛旭明．重庆市农地规模经营模式优化研究［D］．西南大学，2008．

［50］蒙巧仁．在城镇化进程中同步推进农地适度规模经营研究［J］．农家参谋，2020（10）：37－43．

［51］米兰．农地适度规模经营的效率研究［D］．辽宁大学，2019．

［52］倪锦丽．吉林省梨树县农户土地适度规模经营问题浅析［J］．长春教育学院学报，2015，31（24）：63－64．

［53］倪锦丽．吉林省四平市农户土地适度规模经营分析［J］．吉林工程技术师范学院学报，2015，31（2）：48－50．

［54］彭越．培育新型农业经营主体，发展适度规模经营的现状、问题与对策——以河北省唐山市为例［J］．农业开发与装备，2019（9）：19＋36．

［55］全坚宇，王仁良，朱薇，王琪，马晓艳．太仓市粮食生产适度规模经营发展现状及对策研究［J］．农业开发与装备，2019（9）：61－62．

［56］任荣华．吉林省玉米生产农户适宜规模存在性的实证研究［J］．农业经济问题，2007（S1）：4－10．

［57］邵平．论适度规模的家庭农场［D］．安徽大学，2016．

［58］邵亚青．不同生产经营规模对小麦—玉米综合效率的影响［D］．河北农业大学，2019．

［59］苏昕，王可山，张淑敏．我国家庭农场发展及其规模探讨——基于

资源禀赋视角［J］. 农业经济问题，2014，35（5）：8-14.

［60］孙光琛. 吉林省农地适度规模经营的路径选择与组织模式研究［D］. 吉林大学，2012.

［61］孙洪敏. 运用农村土地经营权有序流转发展农地适度规模经营［J］. 农民致富之友，2018（13）：218.

［62］孙蕊. 京津地区农户分化与农地适度规模发展研究［D］. 天津财经大学，2017.

［63］孙岩. 吉林省商品粮基地土地规模化经营问题研究［D］. 吉林农业大学，2006.

［64］孙艺宁. 公主岭市农地规模经营的影响因素研究［D］. 东北师范大学，2019.

［65］孙艺芹. 现阶段吉林省农地规模经营研究［D］. 吉林农业大学，2015.

［66］孙艺芹. 现阶段吉林省中部地区农地适度规模经营研究［J］. 赤峰学院学报（自然科学版），2017，33（19）：113-114.

［67］王慧敏，何多兴，涂文国，唐傲，廖文婷. 农地适度规模化经营综合效益比较研究——以崇州市粮食类经营组织为例［J］. 广东农业科学，2017，44（10）：148-155.

［68］王莉，周密. 粮食安全与社会稳定双重视阈下粮食适度规模经营研究［J］. 求索，2017（3）：113-117.

［69］王琳. 家庭适度规模经营的农业现代化实现机理——基于苏南J村的经验考察［J］. 中共福建省委党校学报，2019（1）：93-101.

［70］王唯璐，邱桂杰，湛承莉. 吉林省农村土地适度规模经营问题探讨［J］. 企业研究，2013（24）：181-182.

［71］王惟. 宁海县不同农地规模粮食种植户经济效益及其影响因素研究

［D］．浙江农林大学，2017．

［72］王小华．河南省新型农业经营主体适度规模经营现状及对策［J］．乡村科技，2018（19）：34 – 36．

［73］卫荣．基于经营主体视角下的粮食生产适度规模研究［D］．中国农业科学院，2016．

［74］吴红霞．潜江市农地适度经营规模测算与分区研究［D］．华中师范大学，2018．

［75］吴振方．农地适度规模经营：缘由、路径与前景［J］．农村经济，2019（1）：29 – 36．

［76］夏益国，谢凤杰．农地适度规模经营、农业信贷和农业保险互动发展研究［J］．安徽工业大学学报（社会科学版），2018，35（5）：3 – 7．

［77］夏柱智．农地适度规模经营再认识——基于发展"中农—家庭农场"的思路［J］．山西农业大学学报（社会科学版），2019，18（5）：3 – 9．

［78］谢小飞，吕剑平．土地适度规模经营与农业组织化背景下小农户与现代农业的有机衔接问题研究——以甘肃省为例［J］．经济研究导刊，2018（33）：22 – 25 + 46．

［79］邢美华，王维薇，黄藏宇．湖北省农地适度规模经营实现形式的实践探索［J］．湖北农业科学，2018，57（24）：167 – 170．

［80］熊鹰，陈春燕，李晓．粮食生产适度规模经营的实践与内在机理分析——基于四川省邛崃市的调查［J］．农村经济，2016（7）：56 – 59．

［81］修立宇．吉林省蛟河市农村土地规模化经营研究［D］．吉林大学，2017．

［82］徐大林．吉林省家庭农场适度规模经营存在的问题及对策［J］．理论观察，2016（7）：101 – 103．

［83］鄢姣，王锋，袁威．农地流转、适度规模经营与农业生产效率

［J］．资源开发与市场，2018，34（7）：947－955.

［84］杨玉莹．四川省农业土地适度规模经营研究［D］．四川师范大学，2019.

［85］易坤．河南省农地适度规模经营模式及实现路径研究［J］．西部皮革，2018，40（18）：35.

［86］喻姗娜．水稻种植大户的规模效益问题研究［D］．长江大学，2017.

［87］袁文凯．湖北农地适度规模经营研究［D］．湖北省社会科学院，2018.

［88］郧宛琪．家庭农场适度规模经营及其实现路径研究［D］．中国农业大学，2016.

［89］臧涛，吕晓，张全景．耕地规模经营问题的国内研究述评［J］．资源开发与市场，2018，34（2）：166－171＋224.

［90］张丰翠．农村空心化对农地适度规模经营的影响关系与实证研究［D］．甘肃农业大学，2019.

［91］张磊．粮食主产区水稻规模种植效率研究［D］．湖南农业大学，2018.

［92］张羽鑫．黑龙江省农地适度经营规模测度研究［D］．东北农业大学，2017.

［93］张玉龙．对农业家庭承包经营与适度规模经营的探讨［J］．农业科技与信息，2018（20）：78－80.

［94］张忠明．农户农地经营规模效率研究［D］．浙江大学，2008.

［95］赵虎生，海江波．宝鸡市粮食生产适度规模经营现状及发展对策［J］．现代农业科技，2016（14）：308＋313.

［96］赵颖文，吕火明，李晓．日本农地适度规模经营推行背景、应对举

措及对中国启示［J］．中国农业资源与区划，2019，40（4）：202 – 209.

［97］赵颖文，吕火明，刘宗敏．关于推进我国农地适度规模经营的几点思考［J］．农业现代化研究，2017，38（6）：938 – 945.

［98］赵颖文，吕火明．关于农地适度规模经营"度"的经济学理论解析［J］．农业经济与管理，2015（4）：13 – 20.

［99］赵悦．吉林省种植业供给侧结构性改革及其优化研究［D］．吉林农业大学，2019.

［100］甄静，陈玲．家户经营基础上农地适度规模经营的文献综述［J］．农村经济与科技，2019，30（13）：44 – 45.

［101］郑国瑞，刘梦薇．农地适度规模经营的主体及其路径选择——基于豫中 JD 乡的调查［J］．行政科学论坛，2018（10）：49 – 52.

［102］郑书莉，褚焱婷，寿寅羽，汤越，沈斌瑶，郑慧沁，马艺菱．浙江省农地适度规模经营效益影响因素实证研究［J］．农村经济与科技，2019，30（8）：167 – 170.

［103］郑艳春．山东省粮食生产型家庭农场适度规模研究［D］．山东财经大学，2018.

［104］郑玉兰，杨孝伟，彭国莉．土地流转对家庭农场适度规模经营的影响分析——以湖北省为例［J］．产业与科技论坛，2018，17（22）：85 – 86.

［105］钟鑫．不同规模农户粮食生产行为及效率的实证研究［D］．中国农业科学院，2016.

［106］周敏．黑龙江省农地适度经营规模及其实现机制［D］．东北大学，2017.

［107］周振，张琛，钟真．"统分结合"的创新与农地适度规模经营——基于新田地种植专业合作社的案例分析［J］．农业经济问题，2019（8）：49 – 58.

［108］朱慧敏，刘旗．河南省农地适度规模经营现状和政策建议［J］．经济师，2018（7）：155 – 157.

［109］朱慧敏．粮食作物适度规模经营的研究［D］．河南农业大学，2018.

［110］朱玉龙．中国农村土地流转问题研究［D］．中国社会科学院研究生院，2017.

附　录

调研时间：_____年____月____日　　　　问卷编号：_____

吉林省农地适度规模经营调查问卷

（户表）

省：_____　市：_____　县（市）：_____　乡（镇）：
_____村：_____

被访者姓名：_____

联系方式：_____

调查员姓名：_____

联系方式：_____

复核员 1 姓名：_____

复核员 2 姓名：_____

吉林省农业科学院

A. 农户家庭基本情况

编码	A01	A02	A03	A04	A05	A06	A07	A08	A09	A10	A11	A12	A13	A14	A15	A16
家庭成员（与户主的关系）	性别 1.男 2.女	年龄	健康状况 代码1	受教育年限（年）	是否担任过村干部 1.是 2.否	主要职业	是否参加农村合作医疗 1.是 2.否	参加农村合作医疗要缴纳的费用（元/年）	是否参加农村养老保险 1.是 2.否（跳至A12）	参加养老保险缴费的档次 代码2	养老金领取额（元/月）	是否外出就业 1.是 2.否（跳至下一成员）	外出就业地点与农村老家的距离（千米）	本次流动时间 *	有无在城市落户 1.有 2.无	是否与用人单位签订劳动合同 1.是 2.否

续表

编码	A17	A18	A19	A20	A21	A22	A23	A24	A25	A26	A27	A28	A29
家庭成员（与户主的关系）	平均工资（元/月）	目前通过何种方式解决住房问题 代码3	购房支付方式 1.全款 2.贷款	租房租金（元/月）	是否有住房补贴 1.是 2.否（跳至A23）	住房补贴（元/月）	在城市有无养老保险 1.有 2.无（跳至A25）	养老保险的购买方式 1.自己购买 2.单位购买	在城市有无医疗保险 1.有 2.无（跳至A27）	医疗保险的购买方式 1.自己购买 2.单位购买	在城市有无失业保险 1.有 2.无（跳至A29）	失业保险的购买方式 1.自己购买 2.单位购买	购买社会保障所要承担的费用

注：代码1：1表示非常好；2表示好；3表示一般；4表示不好；5表示非常不好。代码2：1表示100元；2表示200元；3表示300元；4表示400元；5表示500元以上。*表示进入流入地后，期间离开不超过一个月，再次返回时不作为一次新的流动；在流入地出生且一直在当地居住的子女填写出生年月。代码3：1表示自己购买（跳至A20）；2表示自己租房；3表示与他人合租（跳至A20）；4表示单位免费提供住房；5表示其他（请说明）。

B. 土地产权认知情况

编码	问题
B01	您是否了解土地"三权分置"政策？ 1. 完全不了解；2. 不了解；3. 一般；4. 比较了解；5. 很了解
B02	土地承包期再延长30年，是否意味着土地"私有"：1. 是；2. 否
B03	土地确权时间：_____（年）
B04	土地确权时是否调地：1. 是；2. 否（跳至B05）
B04-1	其中，调整土地的面积_____（亩）
B05	在您看来，未来承包期内是否会进行土地调整：1. 是；2. 否； 3. 说不好
B06	土地确权后，经营权是否有转出（出租）：1. 是；2. 否（跳至B07）
B06-1	其中，经营权转出的期限：_____（年）
B06-2	是否签订合同：1. 是；2. 否（跳至B07）
B06-3	合同签订的年限：_____（年）
B07	将土地流转给本村村民或本村企业是否需要经过村集体批准： 1. 是；2. 否；3. 不清楚
B08	将土地流转给外村村民或村外企业是否需要经过村集体批准： 1. 是；2. 否；3. 不清楚
B09	对于流转的土地，您是否会培肥地力：1. 是；2. 否

续表

编码	问题	
B10	对于流转的土地，您是否会改善农业基础设施：1. 是；2. 否	
B11	您是否加入合作经济组织：1. 是；2. 否	
B12	您家是否三代人生活在本村（家庭主要决策者的父母、本人及子女）：1. 是；2. 否	
B13	2019年给村里亲邻帮工（农忙季节、盖房子、红白事等的天数）：_____（天）	
	土地转入情况 a	土地转出情况 b
B14	2019年您是否考虑过转入土地：1. 是；2. 否	2019年您是否考虑过转出土地：1. 是；2. 否
B15	2019年您是否尝试转入土地：1. 是；2. 否（跳至B17）	2019年您是否尝试转出土地：1. 是；2. 否（跳至B17）
B16	您原本打算转入_____亩土地；实际转入_____亩土地	您原本打算转出_____亩土地；实际转出_____亩土地
B17	您没有付诸行动的原因是什么（可多选）？1. 租金太高；2. 转租的地块位置太偏，面积小，很难整合成一块；3. 合适地块不好找，找不到；4. 担心转出者不守约，怕引起纠纷；5. 村干部不让，不允许；6. 担心国家政策有变化；7. 手续太繁琐；8. 其他	您没有付诸行动的原因是什么（可多选）？1. 租金太低，不划算；2. 地块太分散，不好转出去；3. 转出就不好转出回来；5. 没有人愿意租种；6. 村干部不让，不允许；7. 担心国家政策有变化；8. 手续太繁琐；9. 其他

C. 土地承包权退出情况

编码	C01	C02	C03	C04	C05	C06	C07	C08	C09	C10	C11	C12	C13	C14
地块	面积（亩）	土壤地形 1. 山地 2. 丘陵 3. 平原	土壤肥力 1. 好 2. 中 3. 差	土地利用状况 代码4	是否转入（年份）	主要种植作物 代码5	种植总成本	种植总收入	转入租金（元）	是否转出（年份）	转出租金（元）	流转土地是否签订合同 1. 是；2. 否	合同年限	是否发生过合同纠纷

续表

编码	C15	C16	C17	C18	C19	C20	C21	C22	C23	C24
地块	征用补偿金额	承包权有无永久退出 1.有;2.无	承包权退出的时间（年份）	承包权退出的原因 代码6	承包权退出的补偿方式 代码6	承包权退出经济补偿方式 1.一次性补偿;2.分期补偿	土地承包权退出经济补偿（元/亩）	对土地承包权退出补偿标准的评价:1.太低;2.较低;3.一般;4.合理;5.较高	退出补偿金的用途:（可多选）1.购房;2.购买社会保障;3.经商;4.作为子女上学的资金;5.其他地方租地;6.其他（请说明）	是否愿意退出承包权 1.是（跳至下一个地块）2.否（跳至下一个地块）

注：代码4：1 表示自家经营；2 表示流转；3 表示被征用（跳至 C15）；4 表示自愿退出（跳至 C16）。代码5：1 表示粮食作物（a. 小麦 b. 稻谷 c. 玉米 d. 大豆 e. 薯类）；2 表示经济作物（f. 蔬菜 g. 水果 h. 棉花 i. 油料 j. 糖料）；3 表示其他。代码6：1 表示用承包权换城市住房；2 表示提供城市稳定就业；3 表示提供就业保险和医疗保险；4 表示解决子女上学或就业；5 表示现金补偿（跳至 C20）；6 表示其他（请说明）[如选择 1，2，3，4 的话，跳至下一个地块]。

D. 土地承包权退出受偿意愿

编码	问题	
D01	若您拥有非农业与社会保障，是否愿意退出承包权	1. 愿意（跳至D03）；2. 不愿意
D02	您不愿意退出承包权的原因	1. 非农就业不稳定，失去生活保障；2. 集体分的土地，不要白不要；3. 放弃承包权没有经济补偿；4. 土地惠农政策没来越多，今后种地收入增加；5. 国家惠农政策没来人增加，今后种地收入增加；6. 不能获得城市社会保障
D03	您愿意接受哪种土地承包权退出条件	1. 用承包权换城市住房；2. 提供城市稳定就业；3. 提供就业保险和医疗保险；4. 解决子女上学或就业；5. 现金补偿；6. 其他（请说明）
D04	您愿意接受哪种土地承包权退出现金补偿方式	1. 一次性补偿；2. 分期补偿
D05	您愿意接受哪种土地承包权退出现金补偿标准	1. 按土地流转价格；2. 按国家征地补偿；3. 按土地市场价格；4. 按承包地年收入
D06	您愿意接受的现金补偿金额	_____（元/亩）
D07	您认为土地承包权退出会产生哪些问题	1. 失去生活保障；2. 没有收入来源；3. 没有工作
D08	您家获得土地承包权退出补偿金的用途（可多选）	1. 购房；2. 购买社会保障；3. 经商；4. 作为子女上学的资金；5. 其他地方租地；6. 其他（请说明）

E. 家庭收入与农业补贴情况

编码	问题
E01	2019 年家庭经营性收入： —— （元）
E01－1	其中，种植业收入： —— （元）
E01－2	养殖业收入： —— （元）
E02	2019 年家庭工资性收入： —— （元）
E03	2019 年家庭财产性收入： —— （元）
E03－1	其中，土地租金收入： —— （元）
E04	2019 年家庭转移性收入： —— （元）
E04－1	其中，农业补贴收入： —— （元）
E05	您家是否有农业补贴：1. 是；2. 否
E06	农业补贴的名称：1. 农机购置补贴；2. 三项补贴；3. 其他（请说明）
E07	农业补贴的依据：1. 按照承包地面积；2. 按照作物实际产量；3. 按照人口
E08	农业补贴的标准： —— （元/亩）
E09	2019 年家庭其他收入： —— （元）

F. 绿色农业技术采纳行为情况

（1）绿色农业技术认知、采纳与意愿情况

编码	绿色农业技术类型	认知情况 a 1. 完全不了解；2. 不了解；3. 一般；4. 比较了解；5. 很了解	采纳情况 b 1. 正在采纳；2. 以前用过；3. 没有用过 若采纳，采纳的年数	若采纳，采纳的面积比例（%）	采纳意愿 B 1. 不想采纳；2. 想要采纳
F01	免耕少耕				
F02	测土配方施肥				
F03	病虫害综合防治				
F04	秸秆粉碎或加工				

（2）对绿色农业技术及其政策评价（请对每一项项目分别打钩）：

编码	问题	很不同意	不大同意	一般	比较同意	很同意
F05	绿色农业技术需要更多劳动力					
F06	绿色农业技术很难掌握					
F07	绿色农业技术成本投入很高					
F08	绿色农业技术的生产风险更高					
F09	绿色农业技术可以增加收入					
F10	您从事农业生产的年限	_____ （年）				
F11	您容易获得农产品市场方面的信息吗	1. 难以获得；2. 能够获得但不容易；3. 容易				
F12	您会主动学习以获得绿色农业技术方面的技术、知识吗	1. 完全不会；2. 通常不会；3. 不会；4. 通常会；5. 一定会				

续表

编号	问题	选项
F13	您经常和其他村民或亲朋好友就农业生产进行交流吗	1. 不经常；2. 较少；3. 一般；4. 较多；5. 很多
F14	您周围使用绿色农业技术的人多吗	1. 没有；2. 较少；3. 一般；4. 较多；5. 很多
F15	农业生产过程导致的环境污染问题，您的关注程度	1. 非常不关注；2. 比较不关注；3. 一般；4. 比较关注；5. 非常关注
F16	您感到您的种粮能力	1. 很差；2. 较差；3. 一般；4. 较好；5. 很好
F17	近五年气象灾害是否影响过您的收成	1. 是；2. 否
F18	您觉得近几年气象灾害变化情况	1. 增加；2. 没变化；3. 减少
F19	您是否购买农业保险	1. 是；2. 否
F20	您容易获得农技员的农业技术指导吗	1. 困难；2. 一般；3. 容易
F21	当地政府是否提供绿色农业技术的知识技能培训	1. 是；2. 否
F22	当地政府是否开展过绿色农业的宣传教育	1. 是；2. 否
F23	当地政府是否提供绿色农业技术补贴	1. 是；2. 否

G. 家庭宅基地退出基本情况

(1) 宅基地情况

		第 1 处	第 2 处	第 3 处
G01	宅基地数量	处		
G02	宅基地面积	平方米	平方米	平方米
G02 - 1	是否在村主干道两侧：1. 是；2. 否			
G02 - 2	房屋建造结构：1. 砖木；2. 钢筋混凝土；3. 其他			

续表

G03	宅基地利用情况： 1. 自住；2. 闲置；3. 出租；4. 生产经营			
G03-1	若宅基地有出租，租金为	____元/年	____元/年	____元/年
G03-2	若宅基地用作生产经营，生产经营收入为	____元/年	____元/年	____元/年
G04	宅基地取得方式：1. 申请所得；2. 继承；3. 购置			
G04-1	若选择购置，购置时间/金额	时间____年； 金额____元	时间____年； 金额____元	时间____年； 金额____元
G05	宅基地获得时间（公历年份，4位数字）	____年	____年	____年
G06	房屋当前估价（元）	____元	____元	____元
（2）宅基地确权（指2013年以后的确权）				
G07	是否测量过面积和四至（东西南北）： 1. 是；2. 否			
G08	测量时间（公历年份，4位数字）	____年	____年	____年
G09	是否确权：1. 是，证已发；2. 是，证未发；3. 否			
G10	证书颁发时间（公历年份，4位数字）	____年	____年	____年
G11	您家是否打算购买宅基地：1. 是；2. 否			
G11-1	若是，购买原因是：1. 自住；2. 生产经营；3. 出租；4. 其他			

续表

（3）宅基地退出

编号	问题	
G12	您家宅基地是否已退出：1. 是；2. 否（跳至G17）	
G13	退出宅基地的原因（可多选）：1. 改善住房条件；2. 改善子女教育条件；3. 获得城镇户口；4. 改善医疗卫生条件；5. 方便在城市工作生活；6. 对退出补偿政策满意；7. 亲人都已搬到城市居住；8. 已在城市买房；9. 集体动迁；10. 其他	
G14	退出宅基地的补偿方式：1. 现金补偿；2. 置换城镇住房；3. 现金补偿加置换城镇住房；4. 无偿退出；5. 其他	
G15	若是现金补偿，每平方米补偿标准 ＿＿＿元	
G16	若是置换城镇住房，农村一平方米置换城镇多少平方米 ＿＿＿平方米	
G17	您是否有退出宅基地的意愿：1. 是（跳至G17-1）；2. 否（跳至G17-2）	
G17-1	若是，您愿意接受何种补偿方式：1. 现金补偿（跳至G15）；2. 置换城镇住房（跳至G16）；3. 现金补偿加置换城镇住房（跳至G15、G16）	
G17-2	若否，原因为（可多选）：1. 从未考虑；2. 尚未确权，法律上得不到保障；3. 祖宅不想转出（乡土情怀）；4. 生活已习惯，不想改变；5. 流转后住房教育医疗养老得不到保障；6. 流转后经济来源不稳定，有风险；7. 其他	

（4）对国家宅基地政策了解情况

编号	问题	
G18	宅基地的所有权属于：1. 国家；2. 集体；3. 国家集体共有；4. 农户所有；5. 不知道	

续表

G19	宅基地使用权是否有期限：1. 有期限；2. 无期限；3. 不知道
G20	宅基地有面积限制吗：1. 有；2. 无；3. 不知道
G21	村民一户能够拥有多少处宅基地：1.1处；2.2处；3.3处及以上；4. 不知道
G22	宅基地是否可以售卖：1. 可以，仅限本村；2. 可以，不限本村；3. 不可以；4. 不知道
G23	宅基地是否可以抵押：1. 可以，仅限本村；2. 可以，不限本村；3. 不可以；4. 不知道
G24	宅基地是否可以出租：1. 可以，仅限本村；2. 可以，不限本村；3. 不可以；4. 不知道
G25	农村户口变成城镇户口后，可以继续拥有宅基地吗：1. 可以；2. 不可以；3. 不知道
G26	是否了解宅基地补偿政策：1. 是；2. 否；3. 不知道
G27	是否了解宅基地确权政策：1. 是；2. 否；3. 不知道
G28	是否了解宅基地"三权分置"政策：1. 是；2. 否；3. 不知道